MIX
Papier aus verantwortungsvollen Quellen
Paper from responsible sources
FSC® C105338

Michael Breckner

Integration durch (Schul-)Sport

Das denken Schüler mit Migrationshintergrund darüber

Diplomica Verlag GmbH

Breckner, Michael: Integration durch (Schul-)Sport: Das denken Schüler mit
Migrationshintergrund darüber, Hamburg, Diplomica Verlag GmbH 2013

Buch-ISBN: 978-3-8428-9644-4
PDF-eBook-ISBN: 978-3-8428-4644-9
Druck/Herstellung: Diplomica® Verlag GmbH, Hamburg, 2013

Bibliografische Information der Deutschen Nationalbibliothek:
Die Deutsche Nationalbibliothek verzeichnet diese Publikation in der Deutschen
Nationalbibliografie; detaillierte bibliografische Daten sind im Internet über
http://dnb.d-nb.de abrufbar.

Das Werk einschließlich aller seiner Teile ist urheberrechtlich geschützt. Jede Verwertung
außerhalb der Grenzen des Urheberrechtsgesetzes ist ohne Zustimmung des Verlages
unzulässig und strafbar. Dies gilt insbesondere für Vervielfältigungen, Übersetzungen,
Mikroverfilmungen und die Einspeicherung und Bearbeitung in elektronischen Systemen.

Die Wiedergabe von Gebrauchsnamen, Handelsnamen, Warenbezeichnungen usw. in
diesem Werk berechtigt auch ohne besondere Kennzeichnung nicht zu der Annahme,
dass solche Namen im Sinne der Warenzeichen- und Markenschutz-Gesetzgebung als frei
zu betrachten wären und daher von jedermann benutzt werden dürften.

Die Informationen in diesem Werk wurden mit Sorgfalt erarbeitet. Dennoch können
Fehler nicht vollständig ausgeschlossen werden und die Diplomica Verlag GmbH, die
Autoren oder Übersetzer übernehmen keine juristische Verantwortung oder irgendeine
Haftung für evtl. verbliebene fehlerhafte Angaben und deren Folgen.

Alle Rechte vorbehalten

© Diplomica Verlag GmbH
Hermannstal 119k, 22119 Hamburg
http://www.diplomica-verlag.de, Hamburg 2013
Printed in Germany

Inhaltsverzeichnis

Abbildungsverzeichnis IV

Tabellenverzeichnis V

1   Einleitung 1

   1.1   Einführung in das Thema 1

   1.2   Fragestellung der Untersuchung und deren Ausgangspunkt 2

   1.3   Aufbau der Untersuchung 3

   1.4   Lesehinweise 4

2   Theoretische Perspektiven auf Migration und Integration 6

   2.1   Migration 7

       2.1.1   *Begriffsklärung* 8

       2.1.2   *Verschiedene Migrationsformen* 10

       2.1.3   *„Ausländer", „Migranten" oder „Menschen mit Migrationshintergrund"?* 13

       2.1.4   *Migration in Deutschland* 17

       2.1.5   *Zur Situation von Menschen mit Migrationshintergrund in Deutschland* 22

       2.1.6   *Zusammenfassung* 25

   2.2   Integration 26

       2.2.1   *Integration als eine Form von Eingliederungsprozessen* 27

       2.2.2   *Entwicklung unterschiedlicher Konzepte und Theorien zu Eingliederungsprozessen* 29

       2.2.3   *Die Integrationstheorie von Hartmut Esser* 31

       2.2.4   *Zusammenfassung* 38

3 Integration durch Sport ... 40
3.1 Was bedeutet „Integration durch Sport"? ... 41
3.2 Das integrative Potenzial des Sports ... 42
3.3 Integration durch Schulsport ... 45
3.3.1 Chancen und Grenzen ... 45
3.3.2 Forschungsstand ... 48
3.4 Integration durch Vereinssport ... 51
3.4.1 Zur Partizipation von Jugendlichen mit Migrationshintergrund in Sportvereinen ... 51
3.4.2 Chancen und Grenzen ... 54
3.4.3 Forschungsstand ... 56
3.5 Zusammenfassung ... 60

4 Untersuchungsdesign ... 63
4.1 Theoretische Grundlagen des Untersuchungsdesigns ... 63
4.1.1 Quantitative Sozialforschung vs. Qualitative Sozialforschung ... 63
4.1.2 Methode der Datenerhebung ... 65
4.1.3 Methode der Datenauswertung ... 67
4.2 Durchführung der Untersuchung ... 69
4.2.1 Erstellung des Interviewleitfadens ... 69
4.2.2 Auswahl der Interviewpartner ... 71
4.2.3 Durchführung der Interviews ... 73
4.2.4 Auswertung der Interviews ... 74

5 Darstellung und Interpretation der Ergebnisse ... 78
5.1 Rafael ... 78
5.1.1 Kurzlebenslauf und Interaktion ... 78
5.1.2 Deskription ... 79
5.1.3 Interpretation ... 84

    5.2   Petrit 86

        5.2.1   Kurzlebenslauf und Interaktion 86

        5.2.2   Deskription 87

        5.2.3   Interpretation 92

    5.3   Edin 93

        5.3.1   Kurzlebenslauf und Interaktion 93

        5.3.2   Deskription 94

        5.3.3   Interpretation 99

    5.4   Sirak 100

        5.4.1   Kurzlebenslauf und Interaktion 100

        5.4.2   Deskription 101

        5.4.3   Interpretation 105

6   Fazit 107

    6.1   Zusammenfassung und Diskussion der zentralen Ergebnisse 107

    6.2   Reflexion der Untersuchung 112

    6.3   Ausblick 113

Quellenverzeichnis 116

Anhang 127

Abbildungsverzeichnis

Abb. 1. Ausländische Bevölkerung in Deutschland von 1951 bis 2010 21

Abb. 2. Systemintegration und soziale Integration in Netzwerken 33

Tabellenverzeichnis

Tab. 1. Bevölkerung in Deutschland nach Migrationsstatus 22

Tab. 2. Überblick über psychische Effekte des Sporttreibens 58

Tab. 3. Die Interviewteilnehmer der Untersuchung 73

Tab. 4. Verwendete Transkriptionszeichen und deren Bedeutung 74

Tab. 5. Der Zusammenhang zwischen den vier Dimensionen sozialer
Integration nach Esser und den Leitfadenkategorien 76

1 Einleitung

1.1 Einführung in das Thema

Wirtschaftliche, demografische und soziale Unterschiede zwischen Ländern bzw. Kontinenten haben zur Folge, dass sich weltweit Migrationsbewegungen vollziehen. Infolgedessen entwickeln sich besonders die westlichen Industrienationen zu sprachlich, kulturell und ethnisch heterogenen Gesellschaften (vgl. Gieß-Stüber & Grimminger, 2008, S. 223). Diese Prozesse machen auch nicht vor Deutschland halt. Spätestens seit Beginn der Gastarbeiteranwerbung in den 1950er Jahren haben sich die Bevölkerung sowie das soziale und kulturelle Leben in diesem Land verändert: Deutschland ist multikulturell geworden (vgl. Boos-Nünning & Karakasoglu, 2003, S. 319). Diese Tatsache wird dadurch verdeutlicht, dass im Jahr 2010 knapp 16 Millionen Menschen mit Migrationshintergrund in Deutschland lebten. Dies macht einen Anteil von etwa 19 Prozent an der Gesamtbevölkerung aus. Besonders groß ist der Anteil der Menschen mit Migrationshintergrund an der jungen Bevölkerung: Während bei den zehn bis 15-Jährigen mehr als 29 Prozent einen Migrationshintergrund besitzen, haben bei den 15 bis 20-Jährigen 26 Prozent Migrationsgeschichte. Somit hat in Deutschland jeder Vierte im Alter von zehn bis 20 Jahren einen Migrationshintergrund (vgl. Statistisches Bundesamt, 2011, S. 32). Aufgrund des geringeren Reproduktionsverhaltens der Bevölkerung ohne Migrationshintergrund, gehen Experten davon aus, dass der Anteil der Jugendlichen mit Migrationshintergrund in westdeutschen Ballungsgebieten in den nächsten Jahren auf über 50 Prozent steigen wird (vgl. Boos-Nünning & Karakasoglu, 2005, S. 11 ff.).

Dieser demografische Wandel bringt die Notwendigkeit mit sich, die große Zahl von Menschen mit Migrationshintergrund am gesellschaftlichen Leben teilhaben zu lassen. Um dieser großen gesellschaftlichen Aufgabe gerecht zu werden, gewinnt das Thema Integration, als eine Eingliederung von Menschen mit Migrationshintergrund in die Gesellschaft, immer mehr an Bedeutung. Debatten um Integrationsfragen sind in Politik, Medien und im Alltag dauerpräsent. Es wird vornehmlich darüber diskutiert, wie junge Menschen mit Migrationshintergrund, die in Deutschland mit einer fremden Kultur und einer neuen Sprache konfrontiert werden, am geeignetsten in die Gesellschaft integriert werden können. Die Sozialwissenschaften sowie die Politik sind der Ansicht, dass sich für die Meisterung dieser Aufgabe besonders der Sport eignet. Ingo Weiss, erster Vorsitzender der Deutschen Sportjugend (DSJ), meint: „Beim gemeinsamen Sporttreiben wird Integration gelebt" (DSJ, 2010, S. 7). Die Bundesregierung (2007, S. 139) bezeichnet den Sport in ihrem Integrationsplan sogar als „Integrationsmotor". Demzufolge wird dem Sport ein sehr großes integratives Potenzial zugeschrieben. Dieses Potenzial des Sports soll vorwiegend durch die Institutionen Schule und Sportverein genutzt werden, da die Jugendlichen mit Migrationshintergrund hier am besten zu erreichen sind.

Doch ist es wirklich so einfach, wie es die Politik und die Sozialwissenschaften darstellen? Besitzt der Sport tatsächlich das ihm zugeschriebene Integrationspotenzial? Ist Integration durch Sport möglich?

1.2 Fragestellung der Untersuchung und deren Ausgangspunkt

In dieser Untersuchung wird der Frage nachgegangen, ob der (Schul-)Sport[1] die Integration von Schülern mit Migrationshintergrund der Sekundarstufe I fördern kann. Mit anderen Worten: Entspricht der Terminus „Integration durch (Schul-)Sport" der Realität oder ist er dem Reich der Mythen zuzuordnen?

Um Antworten auf die Forschungsfrage zu erhalten, werden qualitative Interviews mit vier männlichen Schülern mit Migrationshintergrund durchgeführt, die allesamt in einem Sportverein tätig sind. Durch die Interviews sollen Einblicke in die individuellen Sichtweisen und *Einstellungen* von jungen Menschen mit Migrationshintergrund zum Thema Integration geschaffen werden. Außerdem sollen die Jugendlichen mit Migrationshintergrund durch die Gespräche die Möglichkeit haben, ihre persönlichen *Erfahrungen* zum Thema Integration durch (Schul-)Sport zu äußern. Besonders durch diese intimen Einblicke in die Erfahrungswelt der Schüler, soll die Forschungsfrage beantwortet werden. Neben den Einstellungen und Erfahrungen sollen durch die Interviews

---

[1] Der Terminus *(Schul-)Sport* beinhaltet im Rahmen dieser Untersuchung den Vereinssport sowie den Schulsport, der den Sportunterricht und andere außerunterrichtliche Sportaktivitäten im Schulleben (beispielsweise Sport-AG) umfasst.

auch *Wünsche* zum Vorschein kommen, die die Schüler mit Migrationshintergrund möglicherweise zu diesem Thema haben.

Ausgangspunkt für die Wahl qualitativer Forschungsmethoden war die Tatsache, dass bisherige Studien zum Thema Integration durch (Schul-)Sport qualitative Forschungsmethoden stark vernachlässigt haben. Dies zieht nach sich, dass Studien bisher einseitig aus der Perspektive der Mehrheitsgesellschaft durchgeführt wurden und daher die persönlichen Einstellungen und Ansichten von Jugendlichen mit Migrationshintergrund kaum berücksichtigt wurden. Der Grund dafür, dass in dieser Untersuchung ausschließlich männliche Jugendliche mit Migrationshintergrund im Zentrum der Betrachtung stehen, ergab sich aus meiner Annahme, dass die Integration von Jungen und Mädchen von unterschiedlichen Faktoren beeinflusst wird. Ein weiterer Grund dafür war, dass hinsichtlich einer Integration durch (Schul-)Sport bisher ausschließlich Studien zu Mädchen und jungen Frauen mit Migrationshintergrund vorhanden sind. Männliche Jugendliche kamen zu diesem Thema bisher nicht zu Wort und wurden vernachlässigt.

An dieser Stelle darf zudem nicht unerwähnt bleiben, dass in dieser Studie besonders der Frage nachgegangen wird, welchen Einfluss der Vereinssport auf die Integration von Schülern mit Migrationshintergrund hat. Demzufolge wird der Schwerpunkt auf den Vereinssport und dessen integrativen Potenzial gelegt. Als zentralen Grund für die geringere Berücksichtigung des Schulsports ist zu nennen, dass es eine zu große und zu aufwendige Aufgabe wäre, Schüler mit Migrationshintergrund zu finden, die sowohl in einer Sport-AG als auch in einem Sportverein aktiv sind.

1.3 Aufbau der Untersuchung

Die vorliegende Untersuchung ist in sechs Kapitel unterteilt.

Im *ersten Kapitel* wird in das Thema eingeführt und die Fragestellung der Studie formuliert.

Im *zweiten Kapitel* wird der Fokus auf die theoretischen Hintergründe der Begriffe Migration und Integration gerichtet. Ein Vorwissen über diesen theoretischen Bezugsrahmen ist unentbehrlich, um die Aussagen der Jugendlichen mit

Migrationshintergrund in den Interviews verstehen und interpretieren zu können. Im ersten Teil dieses Kapitels wird sich mit dem Begriff der Migration auseinandergesetzt. Dabei wird eine für den Rahmen dieser Untersuchung gültige Definition des Begriffs formuliert. Zudem wird auf die Migrationsgeschichte Deutschlands eingegangen und der daraus folgende demografische Wandel der Bevölkerung dargestellt. Im zweiten Teil des Kapitels steht die Integration im Zentrum der Betrachtung. Im Zuge dessen wird gezeigt, wie unterschiedlich die Auffassungen von Integration sind und wie schwierig es ist, sich auf einen allgemein gültigen Integrationsbegriff zu einigen. Desweiteren wird die Integrationstheorie von Hartmut Esser vorgestellt, die an späterer Stelle für die Auswertung der Interviews verwendet wird.

Mit dem Thema Integration durch Sport wird sich im *dritten Kapitel* auseinandergesetzt. Die Schwerpunkte in diesem Zusammenhang bilden der Schul- sowie der Vereinssport. Es werden jeweils die dem Schul- und Vereinssport von der Wissenschaft zugeschriebenen Chancen und Grenzen dargestellt sowie der aktuelle Forschungsstand dargelegt. Der Einbezug des Forschungsstandes in diese Studie ist notwendig, um später die eigene Untersuchung verorten zu können. Außerdem dienen die bisherigen Forschungsergebnisse als Vergleichspunkte für die in dieser Untersuchung ermittelten Ergebnisse.

Das dieser Studie zugrundeliegende Untersuchungsdesign[2] wird im *vierten Kapitel* vorgestellt. Dabei werden die gewählten Methoden für die Datenerhebung und -auswertung der Untersuchung dargestellt und gleichzeitig begründet, weshalb sie sich für die Bearbeitung der Forschungsfrage eignen. Anschließend wird relativ detailliert erklärt wie die Studie durchgeführt wurde.

Danach werden im *fünften Kapitel* die Ergebnisse der Untersuchung dargestellt und interpretiert. Die Ergebnisse werden in einer Einzelfalldarstellung vorgestellt und im Anschluss daran wird mit Hilfe der Integrationstheorie von Esser interpretiert, ob die Integration der Schüler mit Migrationshintergrund durch den (Schul-)Sport gefördert werden konnte bzw. kann.

Im abschließenden *sechsten Kapitel* wird ein Fazit gezogen. Hier werden die Ergebnisse der Studie zusammengefasst und es wird versucht allgemeingültige Aussagen hinsichtlich des Themas Integration durch (Schul-)Sport zu machen.

---

[2] Im Rahmen dieser Arbeit wird der Begriff *Untersuchung* synonym zum Begriff *Forschung* verwendet.

Zudem wird die Untersuchung einer kritischen Reflexion unterzogen. Abschließend folgt ein Ausblick auf mögliche weitere Forschungsansätze sowie Ausblicke auf die Praxis im Sportunterricht und Vereinssport.

1.4 Lesehinweise

Vor Beginn der theoretischen Ausführungen soll darauf hingewiesen werden, dass ich mich aus Gründen der Lesbarkeit und Übersichtlichkeit dazu entschieden habe, zur Bezeichnung mehrerer Personen nur die maskuline Form zu verwenden. Jedoch soll damit beide Geschlechter umfasst werden. Um zentrale Begriffe deutlich auszuweisen, werden diese *kursiv* geschrieben. Um bestimmte sprachliche Ausdrücke hervorzuheben, werden diese in „Anführungszeichen" gesetzt.

2 Theoretische Perspektiven auf Migration und Integration

In diesem Werk werden die Einstellungen, Erfahrungen und Wünsche von Schülern mit Migrationshintergrund zum Thema *Integration durch (Schul-) Sport* untersucht.

Doch was ist eigentlich *Migration* und was bedeutet es einen *Migrationshintergrund* zu haben? Was sagt der so häufig verwendete Begriff der *Integration* aus?

Diese Fragen sollen in diesem Kapitel mittels Darlegung theoriebezogener Hintergründe geklärt werden.

Die befragten Jugendlichen in dieser Untersuchung eint durchweg, dass ihre Familien ihren Herkunftsort verließen und sich in einer fremden Lebensumwelt zu Recht finden mussten bzw. müssen. Aufgrund dessen ist ein Vorwissen über den theoretischen Bezugsrahmen unentbehrlich, um die Ansichten und Einstellungen der Jugendlichen zu den Themen *Migration* und *Integration* verstehen zu können.

Ein weiterer Grund für die Auseinandersetzung mit den theoretischen Hintergründen von Migration und Integration ist darin zu sehen, dass diese Begriffe im wissenschaftlichen Diskurs häufig mit verschiedenen Bedeutungen verwendet werden. Daher muss für das Verständnis der vorliegenden Studie zu Beginn erläutert werden, mit welchen Bedeutungen die verschiedenen Begriffe behaftet werden.

Im *ersten Teil dieses Kapitels* wird der Begriff der *Migration* näher betrachtet. Zunächst soll geklärt werden, was unter diesem Begriff zu verstehen ist. Im Anschluss daran werden verschiedene Migrationsformen vorgestellt und der Begriff des Migrationshintergrunds definiert. Abschließend wird auf die Einwanderungsgeschichte Deutschlands eingegangen und auf die Situation von Jugendlichen mit Migrationshintergrund in Deutschland eingegangen.

Im *zweiten Teil dieses Kapitels* werden zum einen allgemein Eingliederungsprozesse betrachtet, und zum anderen der komplexe Begriff der *Integration* diskutiert. Als erstes wird sich mit der großen Vielfalt der Begriffe auseinandergesetzt, die für die Beschreibung von Eingliederungsprozessen verwendet werden. Im Anschluss daran wird die Entwicklung der Konzepte und Theorien von Eingliederungsprozessen dargestellt. Abschließend wird der Fokus dann auf den Integrationsprozess gestellt und die Integrationstheorie von Hartmut Esser vorgestellt. Besonders wird hier das Augenmerk auf Essers Konzept der Sozialintegration gerichtet.

2.1 Migration

Migrationsbewegungen sind schon immer Teil der menschlichen Kultur gewesen. Menschen verließen und verlassen aus unterschiedlichsten Gründen und Motiven ihre Heimat und wandern an andere Orte. Dort werden sie mit einer fremden Kultur und einer neuen Sprache konfrontiert. Auch wenn es Unterschiede hinsichtlich der Motive und Gründe für Migrationsbewegungen gibt, so ist eines allen Personen gemein: Es geht um die Suche nach Brot (Arbeit) und Frieden (Sicherheit) (vgl. Krüger-Potratz, 2009, S. 53).

Auch Deutschland ist ein von der Migration geprägtes Land. Der Anstieg der Migrantenzahlen begann hier mit der Anwerbung der sognannten Gastarbeiter ab den 1950er Jahren. Weiter stiegen die Zahlen nach dem Umsturz des sozialistischen Staatensystems Ende der 1980er Jahren (vgl. Statistisches Bundesamt, 2011, S. 32). Infolgedessen hat die Sozialwissenschaft[3] die Migration als Themenkomplex verstärkt ab den 1990er Jahren in wissenschaftliche Diskurse aufgenommen. Vor dem Hintergrund der dargestellten Fakten wird deutlich, dass das Thema Migration von großer Bedeutung und Brisanz ist.

Ziel dieses Teilkapitels ist es, den theoretischen Hintergrund des Migrationsbegriffs in dem Ausmaß darzustellen, dass die Forschungsfrage dieses Werks geeignet behandelt werden kann. Durch dieses theoretische Hintergrundwissen sollen die Aussagen der Schüler mit Migrationshintergrund besser interpretierbar werden.

---

[3] Um in diesem Kapitel den Begriff der Migration näher zu betrachten, wird der Forschungsstand der Sozialwissenschaften dargestellt. Die Sozialwissenschaften haben sich im Gegensatz zu anderen wissenschaftlichen Disziplinen besonders mit diesem Thema auseinandergesetzt.

2.1.1 Begriffsklärung

Der Begriff der Migration ist auf das lateinische Wort „migrare" bzw. „migratio" (wandern, wegziehen, Wanderung) zurückzuführen. Durch den Einfluss des viel verwendeten englischen Wortes „migration" hat der Begriff, sowohl in der deutschen Alltagssprache als auch in der Begriffssprache der Sozialwissenschaften seinen Platz eingenommen (vgl. Han, 2010, S. 5).[4]

Im sozialwissenschaftlichen Diskurs ist eine Reihe von verschiedenen Migrationsdefinitionen mit unterschiedlichen Ansätzen zu finden. Die Definitionen des Begriffs unterscheiden sich je nach verwendeter Literatur. Hieraus lässt sich schließen, dass es keine einheitliche Definition des Begriffs Migration gibt.

Definitionen der Sozialwissenschaftler unterscheiden sich hauptsächlich nach den Kriterien der von den Migranten zurückgelegten Entfernungen, der Aufenthaltsdauer an dem Zielort und den Unterschieden zwischen Herkunfts- und Zielregion. Jedoch sind bei allen Definitionen von Migration die Aspekte des Wechsels bzw. Veränderung und der Bewegung elementar (vgl. Treibel, 2003, S. 19).

Daraus lässt sich schließen, dass folgende Dimensionen für eine Definition des Migrationsbegriffs grundlegend sind:

- Raum und Zeit (Wohnortsänderung bzw. Versetzung des Lebensmittelpunkts, Aufenthaltsdauer),
- Grenze (Überschreitung politisch administrativer Trennlinien),
- Sozialstruktur (Statusordnung),
- Kulturelles System (Werte- und Normensystem) (vgl. Reinprecht & Weiss, 2011, S. 15; Oswald, 2007, S. 13).

Aus dieser komplexen Mehrdimensionalität ergeben sich die diversen, in der Literatur veröffentlichten Definitionen und Problemsichten.

Da die gründliche Auseinandersetzung mit diesen zahlreichen Definitionen und Begriffsklärungen den Rahmen dieses Werks sprengen würde[5], soll für diese

---

[4] Das Alltagswort „Wanderung" oder „wandern" hat in der deutschen Sprache mehrere Bedeutungen und kann somit zu Missverständnissen führen. Beispielsweise versteht man darunter auch einen Spaziergang oder die Erklimmung eines kleinen Berges. Aus diesem Grund wird in dieser Arbeit die Verwendung des Begriffs der Migration vorgezogen.

[5] Eine differenzierte Auseinandersetzung mit verschiedenen Definitionen des Begriffs Migration ist u.a. in Treibel (2003, S. 17 ff.) oder Oswald (2007, S. 11 ff.) zu finden.

Untersuchung eine Definition von Migration gewählt werden, die alle Dimensionen von Migration umfasst und aus soziologischer Sicht relativ eng gehalten ist. Dadurch wird versucht die Komplexität von Migrationsprozessen zu erfassen:

Migration wird als dauerhafter Wohnortwechsel definiert, der mit einer Grenzüberschreitung verbunden ist und einen Wechsel des sozialen und kulturellen Bezugssystems zur Folge hat (vgl. u.a. Han, 2010, S. 6 ff.; Pries, 2001, S. 9; Reinprecht & Weiss, 2011, S. 15).[6]

Um Missverständnisse zu vermeiden, müssen nachfolgend drei Begriffe der Definition näher erläutert werden:
Das Kriterium der *Dauerhaftigkeit* ist für die Begriffsbestimmung der Migration grundlegend. Folglich können räumliche Bewegungen von Personen und Personengruppen, die keinen dauerhaften Wohnsitzwechsel in ein anderes kulturelles und soziales Bezugssystem zur Folge haben (z.B. Reisende, beruflich bedingte Pendelbewegungen von Arbeitnehmern), nicht dem Phänomen der Migration zugeordnet werden. Somit werden nicht alle räumlichen Bewegungen von Personen und Personengruppen als Migration bezeichnet (vgl. Han, 2010, S. 6 f.). Jedoch gehören nach dieser Begriffsbestimmung auch Flucht und Vertreibung zu den verschiedenen Formen von Migration[7] (vgl. Treibel, 2003, S. 19). Doch bleibt in dieser Definition noch ungeklärt, was nun „dauerhaft" bedeutet und ab welchem Zeitraum in einem anderen kulturellen und sozialen Bezugsystem als Migrant gilt. Um eine Lösung für dieses Problem zu finden, werden die Bestimmungen der UN betrachtet, die auch für den Rahmen dieser Untersuchung gelten sollen. Nach einer Empfehlung der UN zur statistischen Erfassung der internationalen Migranten von 1998 werden seither Menschen als Migranten erfasst, die für mindestens ein Jahr ihren ständigen Wohnsitz von ihrem Herkunftsland in ein anderes Land verlegen (vgl. IOM zitiert nach Han, 2010; S. 6, Kleinschmidt, 2011, S. 10).

---

[6] Die gewählte Definition wird auch im wissenschaftlichen Diskurs verwendet. Jedoch nicht wortwörtlich, sondern es sind vielmehr ähnliche Formulierungen zu finden, die sinngemäß mit dieser selbstständig formulierten Definition übereinstimmen.
[7] Die verschiedenen Migrationsformen werden in Kapitel 2.1.3 näher betrachtet.

Das Erfordernis einer *Grenzüberschreitung* macht deutlich, dass im Rahmen diesem Werk unter Migration nur internationale Bewegungen verstanden werden.

Der dritte Begriff der näher erläutert werden muss, ist die *Wohnortsänderung*. Dieser ist in der sozialwissenschaftlichen Literatur nicht unumstritten. Nach Oswald (2007, S. 17) ist Migration „wesentlich mehr als eine Ortsveränderung oder der Wechsel eines Wohnsitzes", da ein Migrationsprozess nicht nur eine Überwindung geographischer Distanzen sei, sondern eine psycho-soziale Leistung bedeute. Zudem fehle an diesem Begriff ein gewisses Entfernungskriterium, um einer Begriffsbestimmung von Migration gerecht zu werden (vgl. ebd.). Oswald spricht daher nicht wie Han (vgl. 2010, S. 6), von einer Migration, die einen dauerhaften Wohnortswechsel bedingt, sondern von einer „Migration als Versetzung des Lebensmittelpunktes" (2007, S. 13). Neben der Wohnortsänderung ist auch ein Wechsel des sozialen und kulturellen Bezugssystems für die gewählte Migrationsdefinition dieser Untersuchung konstitutiv. Infolgedessen ist gewährleistet, dass der neue Wohnort weit vom Heimatsort entfernt ist, und somit eine Art neuen Lebensmittelpunkt darstellt, bei dem persönliche, soziale und psychische Aspekte eine bedeutende Rolle spielen. Folglich wird die Kritik Oswalds neutralisiert und somit kann der Begriff der Wohnortsänderung in dieser Untersuchung verwendet werden, um den Begriff der Migration geeignet zu beschreiben.

Zusammenfassend kann festgehalten werden, dass die für diese Untersuchung gewählte Definition von Migration aufgrund ihrer relativ engen Beschreibung, den Prozess der Migration sehr differenziert darstellt. Dennoch werden durch sie verschiedene Formen der Migration umfasst. Folglich scheint die Definition geeignet für eine wissenschaftliche Forschung im Themenkomplex Migration und Integration (durch Sport) zu sein.

2.1.2 Verschiedene Migrationsformen

Migration findet in unterschiedlichen Formen statt, wobei die jeweiligen Gründe und Ursachen für die Migrationsbewegungen die bedeutendsten Rollen für die Formen der Migration spielen. Die Art der Migration bestimmt das neue

Leben und die Chancen der Migranten in ihrer neuen Heimat. Beispielsweise bestimmt die jeweilige Migrationsform den Rechtsstatus im Aufnahmeland (vgl. Fassmann & Münz, 1996, S. 18 f.).
Auch die Familien der Untersuchungsgruppe haben aus unterschiedlichen Gründen ihre Heimat verlassen und deren Migrationsbewegungen können verschiedenen Migrationsformen zugeordnet werden. Hinsichtlich dessen ist die Kenntnis über die verschiedenen Formen der Migration elementar für das Verständnis der Aussagen der Jugendlichen.
In Anlehnung an Han (2010, S. 74 ff.) werden nachfolgend verschiedene Migrationsformen[8] skizziert, die seit Ende des Zweiten Weltkrieges in Folge der wachsenden Globalisierung international auftreten.[9]

- *Arbeitsmigration*

Die Nachfrage nach Arbeitskräften wird durch die allgemeine wirtschaftliche Entwicklung bestimmt. Wenn die Wirtschaft einen Aufschwung erlebt und das Angebot des heimischen Arbeitsmarktes nicht ausreicht um den Mehrbedarf an Arbeitskräften zu decken, so wird die Nachfrageseite versuchen, den Fehlbedarf durch ausländische Arbeitskräfte zu decken.
Somit sind Arbeitsmigranten Personen, die zum Zwecke der befristeten oder dauerhaften Ausübung einer beruflichen Tätigkeit ihre Heimat verlassen und in ein neues Land einreisen. Ihre Erscheinungsformen sind vielfältig. Auf der einen Seite gibt es Einwanderer, die Tätigkeiten verrichten, die für die Einheimischen zu schwer, zu schmutzig oder zu schlecht bezahlt sind. Andererseits können Arbeitsmigranten auch gut ausgebildete Arbeiter, hochqualifizierte Techniker oder Wissenschaftler sein.
Ein Beispiel für Arbeitsmigration in Deutschland war die gezielte Anwerbung von ausländischen Arbeitnehmern aus südeuropäischen und mediterranen Län-

---

[8] In der Literatur sind verschiedene Ansätze von diversen Autoren zu finden, die versuchen Migrationsbewegungen verschiedenen Migrationsformen zuzuordnen. Dabei weichen die Bezeichnungen der Migrationsformen von Autor zu Autor mehr oder weniger ab. In dieser Arbeit werden die Formen nach Han (2000) vorgestellt, weil diese oft in der sozialwissenschaftlichen Forschung rezipiert werden. Zudem sind sie einfach formuliert und sind daher für die Verwendung im Rahmen dieser Arbeit geeignet.
[9] Die Beschreibungen der Migrationsformen werden vergleichsweise knapp gehalten und es wird sich auf die elementaren Kriterien der jeweiligen Form beschränkt, um den theoretischen Rahmen dieser Arbeit nicht zu sprengen.

dern als Folge des wirtschaftlichen Aufschwungs nach dem Zweiten Weltkrieg (vgl. Han, 2010, S. 74 f.).

- *Migration von Familienangehörigen (Familienzusammenführung)*

Die Migrationsform der Familienzusammenführung, d.h. der Nachzug von Ehegatten und Kindern der Pioniermigranten, steht in engen Zusammenhang mit der Arbeitsmigration. Ursprünglich war die Intention der Pioniermigranten in ein anderes Land zu immigrieren, um nach vorübergehender Beschäftigung wieder in die Heimat zurückzukehren. Werden die gesetzten Ziele (meist wirtschaftlicher Art) allerdings nicht wie geplant erreicht, so kann aus einer temporären eine permanente Migration werden. Mit dieser verlängerten Aufenthaltsdauer im Ausland ist häufig eine Entfremdung der Pioniermigranten von ihren Familien und ihrem Herkunftsland verbunden. Aus diesen Gründen möchten die Pioniermigranten den Nachzug ihrer Ehegatten und später auch Kinder (größere Umstellung und größerer finanzieller Aufwand) ermöglichen, um einerseits die persönliche Beziehung aufrecht zu erhalten und andererseits die Einsamkeit in der Fremde zu relativieren.

Somit führt die global steigende Arbeitsmigration zu steigenden Migrationsbewegungen, weil sie früher oder später die Migration von Familienangehörigen zur Folge hat. Nicht unerwähnt soll bleiben, dass die Gesetzeslage im jeweiligen Aufnahmeland großen Einfluss auf den möglichen Nachzug von Familienangehörigen hat (vgl. Han, 2010, S. 85).

- *Migration von Flüchtlingen*

Menschen, die aufgrund unterschiedlich verursachter und begründeter Bedrohung für ihr Leben ihren Wohnsitz vorübergehend oder dauerhaft verlassen und an einem anderen Ort Zuflucht suchen, werden nach Han (vgl. 2010, S. 93 f.) als Flüchtlinge bezeichnet. Gründe für die Flucht können Verfolgung (z.B. aufgrund der Rasse, Religion oder Nationalität), Krieg oder auch Naturkatastrophen sein.

- *Migration ethnischer Minderheiten*

Menschen, die Teil einer ethnischen Minderheit sind, unterscheiden sich durch objektive (kulturelle Identität, numerische Inferiorität, machtmäßige Unterlegenheit) und subjektive (Zugehörigkeitsgefühl) Kriterien von der Mehrheitsgruppe des Residenzstaates (vgl. Gornig, 2001, S. 22). Es können nach Han (vgl. 2010, S. 101 f.) drei besondere Prozesse genannt werden, die für eine Bildung von ethnischen Minderheiten verantwortlich sein können: Die Bildung von Nationalstaaten (z.B. nach dem Zusammenbruch der Sowjetunion wurden viele Russen heimatlos und migrieren bis heute wieder zurück nach Russland), die Ansiedlung angeworbener ethnischer Gruppen in einem Staat zur wirtschaftlichen Erschließung (z.B. Ansiedlung der Siebenbürger Sachsen in Rumänien im Mittelalter, die noch heute als sogenannte „Aussiedler" zurück nach Deutschland migrieren) und schließlich die Migration von Menschen in ein Aufnahmeland, in dem sie zu einer ethnischen Minderheit werden, weil sie dort nicht als gleichberechtigte Bürger angesehen und akzeptiert werden.[10]

2.1.3 „Ausländer", „Migranten" oder „Menschen mit Migrationshintergrund"?

In Deutschland lebende Personen, die aus anderen Ländern einwanderten bzw. von diesen abstammen, werden von der Politik, Wissenschaft und den Medien sehr unterschiedlich bezeichnet. So wird beispielsweise von „Ausländern", „Migranten", „Einwanderern", „Zuwanderern" oder „Personen mit Migrationshintergrund" gesprochen.[11] Dieses zeigt, dass es an einer einheitlichen Begrifflichkeit mangelt.

Für eine Forschung, welche das Ziel hat Sichtweisen und Erfahrungen von Schülern mit Migrationshintergrund in Bezug auf Integration differenziert wiederzugeben, besteht die Notwendigkeit, zwischen Personen, die als ursprüngliche Einwohner des Landes als zugehörig gelten, und Personen, die anderer ethnischer Herkunft sind, zu unterscheiden (vgl. Schramkowski, 2007, S. 23 f.). Aus diesem Grund ist es im Folgenden von großer Bedeutung aus dem gesamten Repertoire der verwendeten Begrifflichkeiten, den am geeignetsten Be-

---

[10] Han nennt neben den vier bereits vorgestellten Migrationsformen noch die Migration von Studierenden und die illegale Migration. Allerdings wird an dieser Stelle auf diese beiden Formen nicht näher eingegangen, da diese irrelevant für das Verständnis der Aussagen der interviewten Jugendlichen mit Migrationshintergrund sind.
[11] Es gibt eine Vielzahl von Begriffen, mit denen ursprüngliche Einwohner von Menschen mit anderer ethnischer Herkunft unterschieden werden. Um diese Vielfältigkeit aufzuzeigen, werden die verschiedenen Begriffe in diesem Kapitel in Anführungszeichen gesetzt.

griff für den Rahmen dieses Werks zu finden. Dieser soll dabei helfen die beiden Personengruppen zu unterscheiden.

Die amtliche Statistik in Deutschland behandelt den Themenbereich Migration bisher überwiegend dadurch, dass sie das Kriterium der Staatsangehörigkeit bzw. Nationalität als grundlegend ansieht und zwischen „Deutschen" und „Ausländern" differenziert (vgl. Statistisches Bundesamt, 2011, S. 382). Als „Ausländer" werden in Deutschland Personen bezeichnet, die nicht „Deutsche" im Sinne des Artikels 116 Absatz 1 des Grundgesetzes sind (vgl. Statistisches Bundesamt, 2011, S. 393). In diesem Artikel des Grundgesetzes ist festgelegt, dass neben einem Menschen, der die deutsche Staatsangehörigkeit hat, auch derjenige Deutscher ist,

> „der als Flüchtling oder Vertriebener deutscher Volkszugehörigkeit oder dessen Ehegatte oder Abkömmling in dem Gebiete des Deutschen Reiches nach dem Stand vom 31. Dezember 1937 Aufnahme gefunden hat" (Deutscher Bundestag, 2010, S. 115).

Zusammenfassend formuliert, ist ein „Ausländer" eine Person, die weder die deutsche Staatsangehörigkeit besitzt noch volksdeutscher Zugehörigkeit ist.
Auf den ersten Blick macht es sicherlich Sinn zwischen „Deutschen" und „Ausländern" zu differenzieren, da es sich hierbei um Personengruppen unterschiedlichen Rechts handelt und nur „Deutsche" vollständig an der poltischen Willensbildung partizipieren und damit zum Staatsvolk gehören (vgl. Santel, 2007, S. 13). Allerdings sind die beiden Begriffe aus wissenschaftlicher Sicht keine sinnvollen Größen, um die „Einheimischen" von den „Fremden"[12] zu unterscheiden, da deren Unterschied in ihrer Migrationsgeschichte bzw. der ihrer Vorfahren liegt. Die Begriffe „Deutscher" und „Ausländer" geben jedoch keine Auskunft über eine etwaige Migrationsgeschichte, weil beide sowohl Personen mit als auch ohne Migrationshintergrund einschließen und daher nicht zwischen den Migrationsbiographien differenzieren:

- Viele „Deutsche" sind im Ausland geboren und im Laufe ihres Lebens nach Deutschland immigriert (z.B. Spätaussiedler aus Russland).

---

[12] Mit „Fremden" sind an dieser Stelle in Deutschland lebende Menschen gemeint, die aus anderen Ländern einwanderten bzw. von diesen abstammen. Durch die Verwendung dieses Begriffs sollen die Menschen keineswegs auf ihre „fremde" Herkunft reduziert werden, sondern es soll dadurch lediglich das Gegengewicht zu der „einheimischen" bzw. ursprünglichen deutschen Bevölkerung dargestellt werden.

- Eine Vielzahl von „Deutschen" waren früher „Ausländer", die nach Deutschland immigrierten und im Laufe der Zeit die deutsche Staatsangehörigkeit erhielten und somit aus den Ausländerstatistiken heraus fielen.
- Ebenfalls gibt es „Ausländer", die in Deutschland geboren sind und die in Folge des Staatsangehörigkeitsrechts keinen deutschen Pass besitzen, obwohl die Familie schon in der zweiten oder dritten Generation in Deutschland lebt (vgl. Santel, 2007, S. 14).

Aus diesen dargestellten Gründen eignen sich die Begriffe „Deutscher" und „Ausländer" nicht, um zwischen den ursprünglichen Einwohnern Deutschlands und den zugezogenen Menschen, die einer anderen Ethnie angehören, zu unterscheiden.

Der Begriff „Ausländer" wird zudem von vielen Menschen, die schon länger in Deutschland leben, als ausgrenzend empfunden. Um deren Lebenslage geeigneter zu beschreiben, werden alternativ die Begriffe „Migranten", „Einwanderer" oder „Zuwanderer" verwendet. Jedoch haben auch diese Begrifflichkeiten ihre Makel, da eine stetig steigende Zahl der so Bezeichneten in Deutschland geboren wurde und deshalb über keine persönliche, sondern nur über eine abgeleitete Migrationserfahrung verfügt (vgl. Santel, 2007, S. 14).

Um schließlich Spätaussiedler, eingebürgerte ehemalige Ausländer und hier geborene Kinder von Migranten begrifflich besser fassen zu können, ist der Ausdruck „Menschen mit Migrationshintergrund" bestimmt worden (vgl. Santel, 2007, S. 14; Schramkowski, 2007, S. 23).

Zu den „Menschen mit Migrationshintergrund" zählen laut des Statistischen Bundesamtes

> „alle nach 1949 auf das heutige Gebiet der Bundesrepublik Deutschland Zugewanderten, sowie alle in Deutschland als Deutsche Geborenen mit zumindest einem zugewanderten oder als Ausländer in Deutschland geborenen Elternteil" (Statistisches Bundesamt, 2011, S. 6).

Damit handelt es sich bei „Menschen mit Migrationshintergrund", unbeachtet der Nationalität, um Personen, die entweder selber nach Deutschland zugewandert sind bzw. in deren Familie eine Migrationsgeschichte vorzuweisen ist. Das bedeutet, dass Menschen mit einer persönlichen oder familiären Migrationsgeschichte, ob eingebürgert oder mit einer ausländischen Staatsbürgerschaft, ob in Deutschland geboren oder nicht, zu der Gruppe der „Menschen mit Migrationshintergrund" gehören. Somit haben auch Spätaussiedler, eingebürgerte ehemalige Ausländer und Kinder von Migranten einen Migrationshintergrund und können somit von den ursprünglichen Einwohnern, den „Menschen ohne Migrationshintergrund", unterschieden werden.

Dennoch besteht auch bei diesem Begriff eine Problematik, da in den meisten Quellen unbeantwortet bleibt, bis zu welcher Generation ein Migrationshintergrund angenommen werden soll. Gehören nur die Kinder der Migranten dazu oder auch noch die Enkel? Je weiter man diese Begrifflichkeit vererbt, desto größer ist die Gefahr, dass Menschen ein Migrationshintergrund zugeschrieben wird, der für sie persönlich schon lange keine Bedeutung mehr hat (vgl. Santel, 2007, S. 14 f.). Die Definition des Statistischen Bundesamts, die auch für den Rahmen dieser Studie gelten soll, umfasst Angehörige der ersten bis zur dritten Migrantengeneration, also auch die Enkel der Migranten (vgl. 2011, S. 6).[13]

Obwohl auch der Begriff „Migrationshintergrund" seine Probleme aufweist, wird für dieses Werk die Verwendung dieser Begrifflichkeit bevorzugt. So wird in dieser Untersuchung größtenteils von „Menschen mit Migrationshintergrund" gesprochen, um die Gruppe von Menschen zu bezeichnen, die aus verschiedenen Motiven ihre Heimat verließen bzw. von diesen abstammen und gegenwärtig in Deutschland leben. Diese Begrifflichkeit wird zudem verwendet, da sie aus wissenschaftlicher Sicht am geeignetsten erscheint, um die „ursprüngliche" und „einheimische" Bevölkerung von den zugewanderten Menschen anderer ethnischer Herkunft, zu unterscheiden. Dadurch ist gewährleistet, dass Einstellungen und Erfahrungen von Schülern hinsichtlich Integration differenziert dargestellt werden können. Um die „einheimische" Bevölkerung in diesem Werk zu beschreiben, werden die Begriffe „Menschen ohne Migrationshintergrund", „Mehrheitsgesellschaft" oder „Aufnahmegesellschaft" verwendet.

---

[13] Der Begriff des Migrationshintergrunds wird in der Veröffentlichung des Statistischen Bundesamtes noch weiter differenziert (siehe Statistisches Bundesamt, 2010, S. 6 ff.). Für den Rahmen dieser Arbeit genügt allerdings die dargestellte Definition von Menschen mit Migrationshintergrund.

2.1.4 Migration in Deutschland

Deutschland war schon immer ein von Migration geprägtes Land.[14] Zwei von vielen Beispielen hierfür sind die Massenauswanderung der Deutschen nach Nord- und Südamerika im 19. Jahrhundert, sowie die „Wanderarbeiter" aus Polen, die zu Beginn des 20. Jahrhunderts nach Deutschland immigrierten (vgl. u.a. Oswald, 2007, S. 43 ff.; Bade, 2006, S. 89 ff.). Das Wissen über dieses wichtige Kapitel der deutschen Geschichte und die Kompetenz im Umgang mit der dadurch entstandenen sprachlichen, kulturellen, ethnischen und nationalen Heterogenität, sind notwendig, um die gegenwärtige Situation besser einschätzen und verstehen zu können (vgl. Krüger-Potratz, 2009, S. 53). Damit einhergehend ist, dass sich die Aussagen der interviewten Jugendlichen im Hinblick auf die persönliche Migrationsgeschichte und die individuellen Einstellungen zur Integration nicht ohne die Kenntnis über die Migrationsgeschichte Deutschlands verstehen lassen.

Den Schwerpunkt der folgenden Ausführungen bildet somit die historische Entwicklung der Migration in Deutschland. Auch wird dabei sekundär auf die Entwicklungen der Migrations- und Integrationspolitik Deutschlands eingegangen. Da alle Familien der Zielgruppe dieser Untersuchung erst nach dem Zweiten Weltkrieg in die Bundesrepublik Deutschland[15] kamen und zu einem großen Teil als Arbeitsmigranten ihre Heimat verließen, beginnt die Migrationsgeschichte Deutschlands erst mit der Anwerbung der sogenannten „Gastarbeitern" in die Bundesrepublik. Zudem wird der historische Abriss der Migration in Deutschland nur bis zum Jahre 2000 zurückverfolgt werden, da die Familien der Jugendlichen spätestens in den 1990er Jahren nach Deutschland migrierten. Somit werden nur die historischen Migrationsprozesse betrachtet, die relevant für die Interpretation der Interviewaussagen der Jugendlichen sind.

---

[14] Deutschland hat schon seit einigen Jahrhunderten Migranten aufgenommen, während zur gleichen Zeit auch einige das Land verließen (vgl. hierzu u.a. Bade, 2006, S. 49 ff.; Wenning ,1996, S. 36 ff.).

[15] Da die die Familien der Zielgruppe in die Bundesrepublik Deutschland (BRD) einwanderten und die Jugendlichen auch hier geboren sind und leben, beziehen sich die folgenden Ausführungen auf die Migrationsgeschichte der BRD (Zur Einwanderungsgeschichte der DDR vgl. Wenning, 1996, S. 119 ff.).

- *Anwerbung von „Gastarbeitern" (1955-1973)*

Nachdem sich das Land vom Zweiten Weltkrieg erholt hatte, begann Anfang der 1950er Jahre der wirtschaftliche Aufschwung Deutschlands. Dieser Wirtschaftsboom der Nachkriegszeit führte in der Mitte der 50er Jahre zu einem erhöhten Arbeitskräftebedarf, da die ersten geburtenschwachen Kriegsjahrgänge ins erwerbsfähige Alter kamen und die Lebensarbeitszeit verkürzt worden war. Um diesen Arbeitskräftemangel zu umgehen, schlossen Deutschland und Italien 1955 ein sogenanntes Anwerbeabkommen, durch das italienische Arbeitskräfte dem deutschen Arbeitsmarkt zugeführt werden konnten. Da die Zahl deutscher Arbeitskräfte ab dem Jahr 1961 nochmals um zwei Millionen sank,[16] folgten ähnliche Abkommen mit Spanien, Griechenland, der Türkei, Marokko, Portugal, Tunesien und Jugoslawien. Diese Länder wurden folglich als „Anwerbeländer" bezeichnet (vgl. Woellert, Kröhnert, Sippel & Klingholz, 2009, S. 12).

Die Arbeitskräfte, die aus dem Ausland nach Deutschland kamen, wurden im öffentlichen, jedoch nicht im amtlichen Sprachgebrauch, als „Gastarbeiter" bezeichnet. Diese Bezeichnung war eine Botschaft, denn die langfristige Integration der Arbeitsmigranten war von deutscher Seite politisch unerwünscht (vgl. Han, 2010, S. 300 f.). Leitend für diese Zeit war der Grundsatz „Die Bundesrepublik ist kein Einwanderungsland" (vgl. Krüger-Potratz, 2009, S. 54). Demzufolge wurde ein Rotationsprinzip eingeführt, sodass die Arbeiter nach einigen Jahren von neuen „Gastarbeitern" ersetzt werden und wieder in ihre Heimat zurückkehren sollten. Jedoch wurde dieses geplante Prinzip aufgrund Proteste der Arbeitgeber, die nicht laufend neue Arbeiter einlernen wollten, schnell aufgegeben. Somit war die Niederlassung ausländischer Arbeitskräfte in der Bundesrepublik, trotz teilweise sehr restriktiven Bedingungen, möglich. So stieg die Zahl der Ausländer zwischen den Jahren 1961 und 1973 in der BRD auf etwa 3,5 Millionen an (vgl. Oswald, 2007, S. 82).

---

[16] Der zentrale Grund dafür, war der Bau der Berliner Mauer, der die Migration aus dem Osten Deutschlands in den Westen von nun an verhinderte (vgl. Oswald, 2007, S. 81).

- *Von der Arbeitsmigration zur Migration der Familienangehörigen (1973-1988)*

Im Jahre 1973 wurde durch die Ölkrise eine Wirtschaftskrise ausgelöst. Da zu dieser Zeit etwa zehn Prozent der unselbständigen Erwerbstätigen in der Bundesrepublik Arbeiter aus den Anwerbeländern waren, verhängte die Politik einen Aufnahmestopp weiterer potentieller Erwerbstätigen, den sogenannten „Anwerbestopp" (vgl. Oswald, 2007, S. 82; Woellert et al., 2009, S. 12 f.). Durch dieses Ende der gesteuerten Arbeitsmigration veränderte sich die Zuwanderung in Deutschland maßgeblich. Die meisten Gastarbeiter kehrten nach dem Anwerbestopp vorerst nicht in ihre Heimat zurück, da sie vor allem die Angst davor hatten, nicht nochmals als Arbeitsmigrant einreisen zu dürfen. Im Gegenzug holten sie durch die neuen rechtlichen Rahmenbedingungen[17] ihre Familien nach Deutschland und lockerten dadurch den Kontakt zu ihrer Heimat. So kam es entgegen den Annahmen der Politik durch den Anwerbestopp nicht zu einem Rückgang der ausländischen Wohnbevölkerung, sondern zu einem Einwanderungsprozess in Form der Migration der Familienangehörigen (vgl. Oswald, 2007, S. 81). So stieg die Zahl der Ausländer bis zum Jahre 1979 auf 4,14 Millionen und im Jahre 1988 lebten schon 4,9 Millionen auf deutschen Boden. Mittels dieser Familienzusammenführung wurde aus einer zunächst vorübergehenden Arbeitsmigration ein Daueraufenthalt mit Bleibeabsicht (vgl. Bade & Oltmer, 2007, S. 73 f.).

Als in den 70er und 80er Jahren absehbar war, dass die Arbeitsmigranten und ihre Familien auf Dauer bleiben, wurde in öffentlichen und poltischen Debatten zum ersten Mal von „Integration" und „ausländischen Arbeitnehmern" gesprochen (vgl. ebd.). Deutschlands Politik wurde zu dieser Zeit „ausländerfreundlicher" (Santel, 2008, S. 13).

In den 1980er Jahren stieg zudem die Zahl der Asylsuchenden aus den Krisengebieten der Welt. Gegen Ende dieses Jahrzehnts stieg auch die Anzahl der zugezogenen Aussiedler aus Rumänien, Polen und vor allem der Sowjetunion (vgl. ebd., S. 86 ff.).

---

[17] Nach dem Anwerbestopp war den „Gastarbeitern" von der Politik erlaubt worden, die engsten Verwandten (Ehepartner, Kinder bis 18 Jahre) nach Deutschland zu holen (vgl. Bremer, 2000, S. 45 f.).

- *Zusammenbruch des sozialistischen Staatensystems und vermehrte Immigration (1989-2000)*

Durch den Zusammenbruch des sozialistischen Staatensystems (Sowjetunion, die osteuropäische „Blockstaaten") stiegen die Zuwanderungszahlen in Deutschland.

Von 1989 bis 2000 wurden ca. 2,5 Millionen Spätaussiedler aufgenommen, von denen der größte Teil aus der ehemaligen Sowjetunion gekommen war. Auch die Zahl der Asylsuchenden stieg erheblich. Besonders Flüchtlinge aus den Nachfolgstaaten des im Bürgerkrieg zerfallenen Jugoslawien migrierten ab 1991 in die Bundesrepublik. Besonders bosnische Flüchtlinge (etwa. 60000), konnten sich vor dem Krieg retten und sich in Deutschland aufhalten (vgl. Wenning, 1996, S. 155 ff.; Oswald, 2007, S.82 f.).

Der Fall des Eisernen Vorhangs hatte auch Auswirkungen auf die Migrations- und Integrationspolitik in Deutschland. Die Europäische Union (EU) greift seitdem stärker in die Gestaltung der Migrations- und Integrationspolitik ihrer Mitgliedstaaten ein und somit wurden die Themen Migration und Integration verstärkt in politische Debatten aufgenommen (vgl. Krüger-Potratz, 2009, S. 55). Ende der 1990er Jahre stellte sich Deutschland allmählich auf die Gegebenheiten eines Einwanderungslandes ein, indem durch ein neues Staatsangehörigkeitsgesetz, die Einbürgerung erleichtert worden war. Danach erhalten in Deutschland geborene Kinderausländischer Eltern mehrheitlich die deutsche Staatsangehörigkeit. Dadurch sollte die Integration der dauerhaft in Deutschland lebenden Ausländer verbessert werden (vgl. Santel, 2008, S. 14 ff.).

- *Folgen der Migration für die Demografie Deutschlands*

Die verschiedenen Migrationsströme seit 1950 haben das demografische Bild der deutschen Bevölkerung nicht unberührt gelassen. Lebten im Jahre 1950 etwa 500000 Ausländer in Deutschland, so waren es im Jahr 2010 schon 6,7 Millionen. Demzufolge stieg der Anteil der ausländischen Bevölkerung an der Gesamtbevölkerung in diesem Zeitraum von 1 Prozent auf 8,8 Prozent (vgl. Bundesamt für Migration und Flüchtlinge, 2010, S. 99 f.). Abbildung 1 stellt die Entwicklung der ausländischen Bevölkerung in Deutschland von 1951 bis 2010 graphisch dar.

Abb. 1. Ausländische Bevölkerung in Deutschland von 1951 bis 2010 (eigene Berechnung nach Bundesamt für Migration und Flüchtlinge, 2010, S. 99).

Die Abbildung macht deutlich, dass die Zahl der ausländischen Bevölkerung besonders mit der Anwerbung der „Gastarbeiter" (ab 1955) und nach dem Zusammenbruch des sozialistischen Staatensystems (1989) stark angestiegen ist. Zudem ist auffällig, dass die Zahl der Ausländer seit dem Jahr 2000 sinkt. Doch diese spiegeln nicht die gesellschaftliche Realität wieder. Die sinkenden Zahlen sind durch das bereits erwähnte Staatsangehörigkeitsgesetz zu erklären, nachdem in Deutschland geborene Kinder von ausländischen Eltern unter bestimmten Bedingungen die deutsche Staatsangehörigkeit erhalten können (vgl. Krüger-Potratz, 2009, S. 55). In den nächsten Jahren wird daher die Zahl der geborenen Kinder ausländischer Staatsangehörigkeit weiter sinken, während die Zahl der Kinder mit Migrationshintergrund steigen wird.

Tabelle 1 zeigt die Zahlen der Menschen mit Migrationshintergrund von 2005 bis 2010.[18]

---

[18] Seit dem Jahr 2005 erfasst der Mikrozensus, die jährliche Haushaltsbefragung des Statistischen Bundesamtes, neben der ausländischen Bevölkerung auch die Anzahl der Menschen mit Migrationshintergrund.

Status / Jahr	2005	2006	2007	2008	2009	2010
Gesamtbevölkerung (in 1000)	82465	82369	82257	82135	81904	81715
Menschen mit Migrationshintergrund (in 1000)	15057	15143	15411	15566	15703	15746
Anteil der Menschen mit Migrationshintergrund an der Gesamtbevölkerung (in Prozent)	18,26	18,38	18,74	18,95	19,17	19,27

Tab. 1 *Bevölkerung in Deutschland nach Migrationsstatus (Eigene Berechnungen, Statistisches Bundesamt, 2011, S. 7 ff.).*

Diese Daten zeigen, dass Migration für fast ein Fünftel aller Einwohner Deutschlands Teil der eigenen oder familiären Identität ist. Bei den Jugendlichen ist der Anteil sogar noch größer: Im Jahr 2010 hatten von den zehn bis 15-Jährigen etwas mehr als 29 Prozent einen Migrationshintergrund. Bei den 15 bis 20-Jährigen haben 26 Prozent der Bevölkerung Migrationsgeschichte. Somit hat mehr als jeder vierte Einwohner Deutschlands im Alter von zehn bis 20 Jahren einen Migrationshintergrund (vgl. Statistisches Bundesamt, 2010, S. 32). Experten rechnen damit, dass der Anteil der Jugendlichen mit Migrationshintergrund in den westdeutschen Ballungsgebieten (z.B. Stuttgart) aufgrund des veränderten Reproduktionsverhaltens der deutschen Bevölkerung auf über 50 Prozent steigen wird (vgl. Boos-Nünning & Karakasoglu, 2005, S. 11 ff.). Damit wird deutlich: Migration ist kein Randthema, sondern betrifft den Kern unserer Gesellschaft.

2.1.5 Zur Situation von Menschen mit Migrationshintergrund in Deutschland

Menschen mit Migrationshintergrund[19], die in Deutschland mit einer neuen Sprache und Kultur konfrontiert werden, stehen vor der großen Aufgabe am gesellschaftlichen Leben teilzunehmen. An dieser Stelle muss erwähnt werden, dass Menschen mit Migrationshintergrund in Deutschland eine ebenso *heterogene Gruppe* bilden wie die Bevölkerung ohne Migrationshintergrund. Insofern

---

[19] Besonders Menschen mit Migrationshintergrund, die der ersten oder zweiten Generation zugehören.

darf man die Menschen dieser Gruppe nicht pauschalisieren. Aus diesem Grund haben Menschen mit Migrationshintergrund unterschiedliche Ausgangslagen für ihren Eingliederungsprozess in die Gesellschaft. Denn was hat beispielsweise ein Jugendlicher, der seine Wurzeln in der Schweiz hat und dessen Eltern als Ärzte in Deutschland arbeiten mit einem Jugendlichen aus dem Kosovo gemeinsam, dessen Eltern vor dem Krieg flüchteten? Während die Eltern des ersten Extrems tendenziell gute Bildungsabschlüsse besitzen und über ein gutes Gehalt verfügen, kann man die Familie des zweiten Extrems wohl eher mit einem schwachen *soziökonomischen Status*[20] in Verbindung bringen. Infolgedessen haben die Menschen mit einem schwachen soziökonomischen Kapital größere Hürden zu überwinden, um sich in die Gesellschaft einzugliedern.

Auch wenn sich die Vielfalt dieser Menschengruppe in diesem Werk nicht angemessen beschreiben lässt, soll im Folgenden durch Darlegung wissenschaftlicher Ergebnisse aufgezeigt werden, dass ein nicht zu vernachlässigender Teil der Menschen mit Migrationshintergrund in Deutschland zu denjenigen gehören, die einen geringen soziökonomischen Status haben. Besonders wird hierbei auf die Probleme und Benachteiligungen eingegangen, mit denen diese Gruppe von Menschen in der deutschen Gesellschaft zu kämpfen hat.

Eine Darlegung der Probleme und Benachteiligungen dieser Menschengruppe ist für den Rahmen dieser Studie von großer Bedeutung, da die interviewten Jugendlichen dieser Untersuchung zu dieser Gruppe benachteiligter Menschen gehören könnten. Die Kenntnis darüber, kann später für das Verständnis und sie Interpretation der Aussagen verwendet werden.

Familien mit Migrationshintergrund sind einem doppelt so hohen Armutsrisiko ausgesetzt wie Familien ohne Migrationshintergrund (vgl. Bundesministerium für Familie, Senioren, Frauen und Jugend, 2010, S. 37). Doch woran liegt das? Nach einer Recherche in der einschlägigen Literatur stellt man fest, dass Menschen mit Migrationshintergrund besonders in den Bereichen *Einkommen, Wohnen, Schul- und Berufsbildung* sowie *Arbeitsmarkt* benachteiligt sind.

---

[20] Der *soziökonomische Status* umfasst eine Reihe von Merkmalen menschlicher Umstände. Dazu zählen die Wohnsituation, die Schul- und Berufsbildung, die Arbeitsmarkt- und Berufsmobilität, das Einkommen, die Gesundheit sowie die allgemeine Lebenszufriedenheit (vgl. Wagner, Göbel, Krause, Pischner & Sieber, 2008, S. 305).

Obwohl die Eltern von Jugendlichen mit Migrationshintergrund fast genauso häufig gute Qualifikationen nachweisen können, wie Eltern ohne Migrationshintergrund, ergeben sich Unterschiede hinsichtlich ihrer materiellen Situation und dem Zugang zum *Arbeitsmarkt*. Deutlich wird das beispielsweise dadurch, dass das monatliche Durchschnittseinkommen von Familien mit Migrationshintergrund 13 Prozent unter dem Durchschnittsgehalt aller in Deutschland lebenden Familien mit einem Kind unter 18 Jahren liegt. Auch befinden sich Familien mit Migrationshintergrund deutlich seltener in den oberen Einkommensgruppen (vgl. ebd., S. 35 f.).[21]

Die relativ geringen finanziellen Mittel haben zur Folge, dass Menschen mit Migrationshintergrund relativ beengt leben müssen. Die durchschnittliche *Wohnfläche* pro Person liegt daher deutlich unter derjenigen von Menschen ohne Migrationshintergrund. Desweiteren wohnen Menschen mit Migrationshintergrund häufiger in Mehrfamilienhäusern und in städtischen Ballungsgebieten (vgl. Bundesamt für Migration und Flüchtlinge, 2008, S. 43).

Die Ergebnisse der PISA-Studie aus dem Jahr 2000 machen deutlich, dass es auch in der *Schulbildung* Unterschiede zwischen Jugendlichen mit und ohne Migrationshintergrund gibt. In allen untersuchten Kompetenzbereichen waren die Jugendlichen ohne Migrationshintergrund deutlich überlegen. Weiter zeigen die Ergebnisse, dass in Deutschland ein Zusammenhang zwischen der Sozialschichtgruppe der Eltern und der Schulform besteht, die ein Jugendlicher besucht. Folglich ist die relative Chance für Schüler aus der obersten Sozialschichtgruppe ein Gymnasium anstatt eine Realschule zu besuchen, vier- bis sechsmal größer als für Schüler aus einer niedrigen Sozialschichtgruppe. Und dies obwohl sie die gleichen kognitiven Fähigkeiten besitzen (vgl. Max-Planck-Institut für Bildungsforschung, 2002, S. 19 ff.). Diese sozialen Disparitäten werden durch die Tatsache verdeutlicht, dass bei gleichen kognitiven Fähigkeiten Jugendliche mit Migrationshintergrund doppelt so häufig an Hauptschulen vertreten sind, wie Jugendliche ohne Migrationshintergrund (vgl. Bundesministerium für Bildung und Forschung, 2010, S. 9).

Diese geringeren Bildungschancen tragen natürlich dazu bei, dass Jugendliche mit Migrationshintergrund auch geringere Chancen auf dem *Ausbildungsmarkt*

---

[21] Während 27 Prozent der Familien ohne Migrationshintergrund mehr als 3600 Euro netto pro Monat verdienen, sind es nur 14 Prozent der Familien mit Migrationshintergrund, die dieses Gehalt bekommen.

haben. Hier könnte man sogar von einer „institutioneller Benachteiligung" sprechen, da Jugendliche ohne Migrationshintergrund mit gleichem Schulabschluss häufiger einen Ausbildungsplatz bekommen als Jugendliche ohne Migrationsintergrund (vgl. ebd.).

Die oben angeführten Probleme und Benachteiligungen, mit denen ein Großteil der Menschen mit Migrationshintergrund konfrontiert ist, erschweren den Eingliederungsprozess in die deutsche Gesellschaft. Besonders diese Gruppe von Menschen gilt es bei der Eingliederung zu unterstützen.

2.1.6 Zusammenfassung

Die Ausführungen dieses Teilkapitels machen deutlich, dass im wissenschaftlichen Diskurs kein einheitlicher Migrationsbegriff zu finden ist. Es wurde dennoch eine Definition von Migration formuliert, welche Gültigkeit für den Rahmen dieser Untersuchung besitzen soll.

Zudem wurden verschiedene Migrationsformen vorgestellt, die von großer Bedeutung sind, um die Aussagen der Schüler mit Migrationshintergrund hinsichtlich des Themenkomplex Migration und Integration besser verstehen und dadurch interpretieren zu können. Auch wurde hierdurch gezeigt, wie komplex und subjektiv Migrationsprozesse sein können.

Von großer Bedeutung ist ebenso die Aufzeigung der Problematik bei der Verwendung der Begriffe „Ausländer", „Migranten" oder „Menschen mit Migrationshintergrund". Letztere Bezeichnung soll für diese Studie verwendet werden, um die „ursprüngliche" Bevölkerung von den Zugewanderten, mit anderer ethnischer Herkunft, zu unterscheiden.

Durch das Skizzieren der Migrationsgeschichte Deutschlands von 1950-2000 und deren Folgen für die Demografie wurde deutlich, dass Migration für viele Einwohner Deutschlands Teil der eigenen oder familiären Geschichte ist. Zudem ist die Kenntnis über die Migrationsgeschichte Deutschlands sehr förderlich für das Verständnis der Aussagen der Schüler mit Migrationshintergrund. Abschließend wurde gezeigt, dass ein großer Teil der Menschen mit Migrationshintergrund in Deutschland im Vergleich zu Menschen ohne Migrationshintergrund in verschiedenen Lebensbereichen benachteiligt sind.

Die große Anzahl von Menschen, die im Zuge der verschiedenen Migrationsströme nach Deutschland immigrierten, wurden bzw. werden mit einer neuen Sprache, einer fremden Kultur, sowie neuen Werten und Normen konfrontiert und mussten bzw. müssen sich mit diesen auseinandersetzen. Sowohl sie als auch ihre Nachkommen standen bzw. stehen vor der großen Aufgabe am gesellschaftlichen Leben Teil zu nehmen. Mit anderen Worten: Diese Menschen müssen in die Gesellschaft eingegliedert werden.

Dadurch wird Integration zu einem wichtigen Thema. *Doch was genau bedeutet eigentlich Integration?*

2.2 Integration

Nachdem im vorangegangenen Teilkapitel der theoretische Rahmen zur Abwanderungssituation abgesteckt wurde, geht es in diesem Teilkapitel um die Aufnahmesituation von Menschen mit Migrationshintergrund. Mit dieser beschäftigt sich die Integrationsforschung.[22]

In Bezug auf die Integration von Menschen mit Migrationshintergrund wird der Begriff heute in Politik, Wissenschaft sowie in der Umgangssprache häufig verwendet. Man hört von „gescheiteter Integration", „verweigerter Integration", aber auch von „geglückter Integration". *Doch was bedeutet eigentlich Integration? Welche Prozesse können mit dem Begriff der Integration beschrieben werden?*

Bei der Recherche zur Bedeutung dieses Begriffs fällt auf, dass noch keine einheitliche Terminologie existiert. Dies hat zur Folge, dass dem Begriff äußerst unterschiedliche Bedeutungen zugeschrieben werden.

Für eine Untersuchung, die Aussagen von Schülern mit Migrationshintergrund in Bezug auf den eigenen Integrationsprozess untersuchen möchte, ist es allerdings unerlässlich eine für den Rahmen dieser Studie gültige Definition des Integrationsbegriffs zu bestimmen.

---

[22] An dieser Stelle ist anzumerken, dass sich der Begriff Integration nicht nur auf Immigranten oder Menschen mit Migrationshintergrund bezieht. Auch andere soziale Gruppen wie beispielsweise Menschen mit Behinderungen oder Langzeitarbeitslose sollten in die Gesellschaft integriert werden. Diese Gruppen haben gemeinsam, dass sie von der Mehrheitsgesellschaft oft als nicht gleichberechtigt anerkannt werden und somit eine randständige Position einnehmen (vgl. Schramkowski, 2007, S. 84). In dieser Arbeit wird sich jedoch ausschließlich mit der Integration von Menschen mit Migrationshintergrund auseinandergesetzt.

Das vorrangige Ziel dieses Teilkapitels ist es deshalb, ein Konzept des Integrationsbegriffs zu bestimmen, mit dem die diesem Werk zugrunde liegende Forschungsfrage am geeignetsten behandelt werden kann.

2.2.1 *Integration als eine Form von Eingliederungsprozessen*

Forscht man in der Migrationssoziologie nach der Bedeutung des Begriffs Integration, so stellt man fest, dass Integration nur eine Begriffsvariante für die Beschreibung von Eingliederungsprozessen ethnischer Minderheiten in die Mehrheitsgesellschaft ist. Daneben werden Terminologien wie *Akkulturation, Assimilation, Marginalität* oder *Segregation* verwendet.

Vergleicht man die Verwendung dieser Begrifflichkeiten im sozialwissenschaftlichen Diskurs, so fällt auf, dass deren Unterscheidung nicht immer eindeutig ist. Diesen Sachverhalt registriert auch Schramkowski: „Teilweise werden gleiche Begriffe unterschiedlich definiert und unterschiedliche Begriffe undifferenziert gleichgesetzt" (2007, S. 85). Gemeinsam haben all diese Begrifflichkeiten, dass sie den Prozess der Eingliederung von Personen in ein soziales und kulturelles System bezeichnen.

Für eine differenzierte Analyse von Integrationsprozessen von Schülern mit Migrationshintergrund ist es jedoch notwendig, sich mit dieser Begriffsvielfalt auseinanderzusetzen und die Bedeutung der jeweiligen Begrifflichkeiten für den Rahmen dieser Untersuchung zu klären.[23] Infolgedessen kann auch der Integrationsbegriff von den anderen Begrifflichkeiten, die Eingliederungsprozesse beschreiben, abgegrenzt werden. Dies erleichtert das Finden einer geeigneten Definition bzw. eines Konzepts von Integration.

- *Akkulturation*

Als Akkulturation wird der Prozess bezeichnet, bei dem Immigranten in der zeitlich ersten Dimension nach einer Migration schrittweise in die Kultur der Aufnahmegesellschaft hineinwachsen. In diesem Prozess werden die Angehörigen der eingewanderten Minderheiten von den Wertvorstellungen und Verhaltensnormen ihrer Herkunftskultur in die ihnen bisher unbekannten Werte

---

[23] An dieser Stelle kann nicht auf die zahlreichen Theorien der jeweiligen Begriffe eingegangen werden. Es soll hier in knapper Form geklärt werden, mit welcher Bedeutung die Begriffe im Rahmen dieser Arbeit behaftet werden.

und Normen der Mehrheitskultur hinübergleitet (vgl. Han, 2010, S. 222). Aufgrund dieser nicht vorhandenen Kenntnis über das neue Gesellschaftssystem und der anfänglichen Sprachdefiziten, ist diese Phase für Immigranten häufig mit Unsicherheiten und Orientierungsschwierigkeiten verbunden. Demzufolge ist diese Zeit oft ein schwieriger und langer Prozess (vgl. Schramkowski, 2007, S. 86; Han, 2010, S. 222).

Dieser Akkulturationsprozess führt dann, je nach individueller Bemühungen die Sprache zu erlernen und die Werte und Normen der Mehrheitsgesellschaft zu übernehmen in die Eingliederungsformen Assimilation, Marginalität, Segregation oder Integration. Auf die verschiedenen Formen wird nachfolgend eingegangen.[24]

- *Assimilation*

Von Assimilation ist die Rede, wenn der Akkulturationsprozess der Immigranten dazu führt, dass sie ihre kulturelle Identität und ethnischen Bezüge aufgeben und sich restlos an die Mehrheitsgesellschaft anpassen (vgl. Han, 2010, S. 223; Esser, 2000, S. 286 f.). Dieses ist häufig der Fall, wenn die Push-Faktoren[25] im Herkunftsland einen besonders großen Umfang hatten. Dieses Assimilationskonzept hat eine ethnische Homogenität der Gesellschaft zur Folge. Infolgedessen gibt es trotz der individuellen Unterschiedlichkeit hinsichtlich gewisser Merkmale (z.B. Verhaltensnormen) keine Unterschiede zwischen ethnischen Gruppen (vgl. Esser, 2001, S. 17 f.).

- *Segregation*

Dieser Begriff wird verwendet, um auszudrücken, dass keine wesentlichen Beziehungen zwischen den immigrierten Minderheiten und der aufnehmenden Gesellschaft vorhanden sind. Dies hat zur Folge, dass die Minderheiten in ihrer ethnischen Kultur und ihrer traditionellen Lebensform von der Mehrheitsgesellschaft getrennt und isoliert bleiben. Sie pflegen somit nur den kulturellen und psychologischen Kontakt zu ihren eigenen ethnischen Gruppen (vgl. Han, 2010, S. 224). Ein Beispiel für die Eingliederungsform der Segregation sind monoethnische Gemeinden in Stadtgebieten, wie Chinatown in New York.

---

[24] Auf den Begriff der Integration wird vertiefend in Kapitel 2.2.3 eingegangen.
[25] *Push-Faktoren* (Druckfaktoren) sind die im Herkunftsland vorherrschenden Bedingungen, die Personen oder Personengruppen zur Migration zwingen (vgl. Han, 2010, S.12 f.).

- *Marginalität*

Diese Eingliederungsform ist mit einem Zitat von Hartmut Esser (2001, S. 20) wohl am geeignetsten zu beschreiben: „Die alte Heimat ist verlassen und eine neue gibt es (noch) nicht". Demnach leben die zugewanderten ethnischen Minderheiten isoliert am Rande der Gesellschaft, da sie sich weder der eigenen ethnischen Kultur, noch der Kultur der Aufnahmegesellschaft zugehörig fühlen. Ihr Leben wird so von Entfremdungsgefühlen und Identitätsverlust geprägt (vgl. Han, 2010, S. 224).

Nachdem die verschiedenen Begriffe, die allesamt Eingliederungsprozesse beschreiben, geklärt wurden, soll nun der Fokus auf den Integrationsbegriff gerichtet werden. Dabei wird zunächst auf die Entwicklung unterschiedlicher Eingliederungskonzepte und –theorien eingegangen, um daraus Schlüsse für ein geeignetes Integrationskonzept für diese Untersuchung ziehen zu können.

2.2.2 *Entwicklung unterschiedlicher Konzepte und Theorien zu Eingliederungsprozessen*

Obwohl Migrationsbewegungen auf eine lange Geschichte zurück schauen, begann die wissenschaftliche Befassung und Auseinandersetzung mit diesem Phänomen erst in den 1920er Jahren. Eng damit im Zusammenhang standen die vielfältigen soziokulturellen und wirtschaftlichen Probleme der großen Migrantenpopulationen, die zu Beginn des 20. Jahrhunderts in die USA immigrierten (vgl. Han, 2010, S. 5). Infolgedessen entstanden unterschiedliche theoretische Ansätze, die sich mit der Eingliederung von Migranten in die Mehrheitsgesellschaft befassten.

In den klassischen Theorien sowie in der Integrationspolitik der klassischen Einwanderungsländern (Vereinigte Staaten von Amerika, Kanada, Australien) wurde bis zu den 1950er Jahren der Eingliederungsprozess von Migranten meist als *Assimilation* verstanden, d.h. eine einseitige Anpassung der Einwanderer an die Kultur der Mehrheitsgesellschaft. Das Ziel war es dadurch die Einwanderung und Eingliederung der Immigranten so zu steuern, dass rassische und religiöse Dominanz der Mehrheitsgesellschaft bewahrt bleibt (vgl. Han, 2010, S. 295 f.; Oswald, 2007, S. 93 f.).

Differenzierter war die *Absorptionstheorie* von Eisenstadt aus dem Jahre 1954, der Integration als zweigleisigen Prozess verstand. Ihm zufolge ist das Ziel die Absorption, also das vollständige Aufgehen der Einwanderer in die Aufnahmegesellschaft, weshalb sich die Immigranten von ihren gewohnten Werten distanzieren und eine Lernbereitschaft an den Tag legen müssen. Jedoch ist auch die Aufnahmegesellschaft gefordert, indem sie ihre Sozialstruktur so gestalten soll, dass die Immigranten alle Berufe und Ausbildungstitel erreichen können (vgl. Eisenstadt zitiert nach Oswald, 2007, S. 102).

Um die 1960er kam es zu einem Umdenken: Besonders in den Vereinigten Staaten von Amerika haben sich viele ethnische Minderheiten der schwarzen Bevölkerung angeschlossen und lehnten die bisherigen Assimilationsvorstellungen der dominanten Mehrheitsgesellschaft ab. Als Grund hierfür ist besonders zu nennen, dass die schwarze Bevölkerung noch immer mit sozialen Ungleichheiten zu kämpfen hatte. Im Gegenzug forderten sie nun den Erhalt ihrer kulturellen Eigenarten und Identitäten, wie zuvor von ihnen die Anpassung an die Kultur der Mehrheitsgesellschaft verlangt wurde (vgl. Han, 2010, S. 301). Dieses Umdenken führte zu einem bewussten Leben in sozialer Distanz zu der Mehrheitsgesellschaft, was zu einer Segregation führte.[26]

Seit den 1970 Jahren wurde der Themenkomplex *Integration* vertiefend in die sozialwissenschaftliche Forschung aufgenommen. Soziologen hatten das Ziel Licht in die Debatte zwischen den Assimilationstheorien und der Anerkennung und der ethnischen Differenz zu bringen (vgl. Gerber et al., 2011, S. 228). Nachdem abzusehen war, dass die Arbeitsmigranten, die im Zuge des wirtschaftlichen Aufschwungs in den 50er und 60er Jahren immigrierten, auf Dauer in Deutschland bleiben, wurden nun auch in der Bundesrepublik Theorien und Konzepte zur Eingliederung[27] entwickelt und publiziert (vgl. Santel, 2008, S. 10 ff.).

Während in den frühen Theorien der Eingliederungsprozess von Migranten *Assimilation* genannt wurde, ist ab den 1980er Jahren häufiger die Rede von *Integration*. Die Gesellschaft wird in diesen Theorieansätzen als eine Gesamtheit dynamischer Prozesse gesehen und unterliegt damit ständigem Wandel. Demzufolge geht es nicht mehr um eine einseitige Anpassung von Minderheiten,

---

[26] vgl. Gerber, Barker, Barker-Rüchti, Gerlach, Sattler, Knöpfli, Müller & Pühse, 2011, S. 228.
[27] Als Beispiele hierfür sind besonders die Werke von Esser (1980) und Hoffmann-Nowotny (1973) zu nennen. Esser gilt in der Integrationsforschung als Vorreiter in Deutschland.

sondern um die Entstehung von etwas Neuem sowie einer Vielzahl von Identifikationsmöglichkeiten (vgl. Oswald, 2007, S. 93). Diese „neuen" Theorien beschreiben Integration als Prozess, bei dem Migranten nicht die Kultur der Aufnahmegesellschaft *annehmen* (wie bei der Assimilation), sondern sich dieser *annähern* ohne dabei ihre eigene kulturelle Identität zu verlieren. Daraus lässt sich ableiten, dass die „neuen" Eingliederungstheorien die klassischen Konzepte der Assimilation nicht völlig ablösen, sondern diese durch integrationstheoretische Ansätze erweitert werden.

Zusammenfassend lässt sich sagen, dass die Idee einer Eingliederung im klassischen Sinne von Assimilation größtenteils ausgedient hat. In der aktuellen Forschung ist man sich einig, dass statt von *Assimilation* als der Einebnung aller Unterschiede zwischen Menschen mit Migrationshintergrund und Aufnahmegesellschaft besser von *Integration* als der Eingliederung der Menschen in die Teilbereiche der Gesellschaft zu sprechen ist (vgl. Oswald, 2007, S. 108).

Für den Rahmen dieses Werkes soll nun ein gültiges Integrationskonzept bestimmt werden, das sich von den klassischen Assimilationskonzepten abgrenzt und sich inhaltlich den dargestellten „neuen" Integrationstheorien annähert. Das Konzept soll deshalb auch die Aufnahmegesellschaft in den Fokus rücken, und deren Offenheit gegenüber den Einwanderern fordern. Mit diesem Konzept soll es möglich sein der gestellten Forschungsfrage geeignet nachzugehen.

Ein Konzept, das im sozialwissenschaftlichen Diskurs bis heute besonders große Akzeptanz erlangt hat und den Integrationsprozess sehr differenziert beschreibt, ist die im Jahre 1980 publizierte Integrationstheorie von Hartmut Esser (vgl. u.a. Han, 2010, S. 305 ff.; Oswald, 2007, S.110 ff.). Dieses soll nachfolgend detaillierter dargestellt werden.

2.2.3 *Die Integrationstheorie von Hartmut Esser*

Unter dem Begriff Integration versteht Esser (2001, S. 1) ganz allgemein „den Zusammenhalt von Teilen in einem ‚systemischen' Ganzen, gleichgültig zunächst worauf dieser Zusammenhalt beruht".

Jedes dieser Einzelteile muss laut Esser (vgl. 2000, S. 262) ein nicht wegzudenkender Bestandteil des Ganzen sein. Durch diesen Zusammenhalt der Teile grenzt sich das System von seiner Umgebung ab und wird somit als System identifizierbar. Die Grundlage jeder Integration sind nach Esser somit Beziehungen zwischen den einzelnen Teilen und deren Interdependenz, d.h. ihre wechselseitige Abhängigkeit. Der Gegenbegriff von Integration ist nach Essers Ansicht die Segmentation, bei der die Teile beziehungslos nebeneinander stehen.

Bei Essers sehr allgemeinen Definition von Integration wird deutlich, dass stets zwei Einheiten elementar sind: „Das ‚System' als Ganzheit und die ‚Teile', die es bilden" (2001, S. 3). Demgemäß unterscheidet Esser im gesellschaftlichen Bereich[28] zwischen zwei Sichtweisen auf den Integrationsbegriff, die es gilt auseinander zu halten, um Verwirrungen zu vermeiden. Er unterscheidet zwischen *Systemintegration* und *Sozialintegration*.

- *Systemintegration und Sozialintegration*

Esser bezieht sich bei der Unterscheidung zwischen System- und Sozialintegration auf den britischen Soziologen Davis Lockwood. Dieser bezeichnete Systemintegration als „the orderly or conflictful relationships between the parts" und Sozialintegration als „the orderly or conflictful relationships between the actors" (Lockwood zitiert nach Esser, 2000, S. 68; 2001, S. 3). Demnach bezieht sich die *Systemintegration* auf den Zusammenhalt eines sozialen Systems (z.B. eine Gesellschaft) als Ganzheit, während die *Sozialintegration* sich auf die Beziehungen der individuellen Akteure bezieht und deren Integration in das System (z.B. eine Gesellschaft) hinein meint. Einmal ist der Fokus auf das System der Gesellschaft gerichtet, beim anderen Mal stehen die Akteure bzw. die Bevölkerung und verschiedene Gruppen im Mittelpunkt der Betrachtung (vgl. Esser, 2000, S. 268; 2001, S. 3).

Um Systemintegration und Sozialintegration noch einsichtiger voneinander zu unterscheiden, wird nun ein Spezialfall eines sozialen Systems betrachtet, bei dem Akteure über persönliche Beziehungen miteinander verbunden sind (vgl. Abbildung 2).

---

[28] Die vorgestellte Integrationsdefinition ist sehr allgemein und kann daher auf alle möglichen Arten von Systemen zutreffen: beispielsweise auf Moleküle, auf lebende Organismen, wie Pflanzen oder Tiere in einem Biotop (vgl. Esser, 2001, S. 1). Im Rahmen der vorliegenden Arbeit soll der Integrationsbegriff allerdings ausschließlich auf soziale Systeme angewandt werden und daher auch auf ganze Gesellschaften bzw. auf Teile davon.

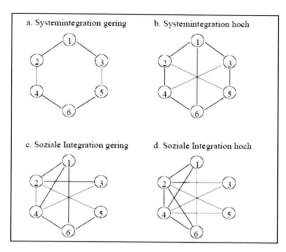

Abb. 2. Systemintegration und soziale Integration in Netzwerken (Esser, 2001, S. 4).

Nach Esser (2000, S. 269) sind in den Netzwerken a und b „alle Akteure in gleichem Maße sozial integriert", da sie jeweils alle nur zwei (Netzwerk a) oder drei (Netzwerk b) Beziehungen zu anderen Akteuren unterhalten. Der Unterschied zwischen den beiden Netzwerken, liegt nach Esser im Grad ihrer Systemintegration. Da die „gesamte Dichte" (Esser, 2000, S. 269) der Beziehungen im Netzwerk b höher ist als in Netzwerk a, verfügt Letzteres über eine größere Systemintegration. Damit macht Esser deutlich, dass sich die Systemintegration auf eine globale Eigenschaft bezieht, die das Netzwerk als Ganzes betrifft (vgl. ebd.).

Unterschiedliche Grade an sozialer Integration sind nach Esser in den Netzwerken c und d vorhanden. Im Netzwerk c haben die Akteure 2 und 4 jeweils mehr Beziehungen (4 Beziehungen) als die Akteure 1 und 6 (3), welche wiederum mehr Beziehungen unterhalten als Akteure 3 und 5 (2). Dies bedeutet, dass Akteure 2 und 4 am stärksten sozial integriert sind. Auch in Netzwerk d sind Akteure 2 und 4 am stärksten sozial integriert, da sie mehr Beziehungen haben als die anderen vier Akteure. Damit bezieht sich die soziale Integration nach Esser zum einen auf Unterschiede zwischen den individuellen Akteuren im Umfang derer Beziehungen und zum anderen auf den Grad der dadurch jeweils unterschiedlich hohen sozialen Einbettung der individuellen Akteure (vgl. ebd).

Abschließend lässt sich ausdrücken, dass die *Systemintegration* jene Form der Integration der Teile eines sozialen Systems ist, die sich unabhängig von persönlichen Motiven, Beziehungen, Absichten und Interessen der individuellen Akteure ergibt und durchsetzt. Esser (2000, S. 270) spricht von einer „Integration eines sozialen Systems ‚über die Köpfe' der Akteure hinweg", während sich die *soziale Integration* direkt mit den Motiven, Orientierungen, Absichten und besonders den Beziehungen der Akteure zueinander beschäftigt. Hervorzuheben ist, dass es bei der Sozialintegration um ein gesellschaftliches Einbeziehen der Akteure geht und nicht nur um das ausschließliche Funktionieren der Gesellschaft als System. Dabei unterscheidet Esser vier Varianten der Sozialintegration (vgl. ebd.).[29]

- *Vier Dimensionen sozialer Integration*

Wenn von „Integration" von Migranten oder fremdethischen Gruppen die Rede ist, so ist nach Ansicht Essers meist die Sozialintegration gemeint: „Der Einbezug der Akteure in das gesellschaftliche Leben" (Esser, 2001, S. 8).[30] Er unterscheidet zwischen vier Dimensionen sozialer Integration: *Kulturation, Plazierung, Interaktion* und *Identifikation*. Zunächst werden nachfolgend die Bedeutungen der verschiedenen Dimensionen geklärt, bevor die Beziehungen zwischen den verschiedenen Dimensionen zueinander skizziert werden.

- *Kulturation*

Mit Kulturation ist nach Esser der Erwerb von Wissen und Kompetenzen gemeint, der nötig ist, um erfolgreich in der Gesellschaft agieren und interagieren zu können. Hierbei ist vor allem der Erwerb der Sprache von Bedeutung. Zudem beziehen sich das Wissen und die Kompetenzen auf die Kenntnis neuer kultureller Werte und Normen (z.B. Gesetzte, Regeln), die dem Akteur die Er-

---

[29] Da diese Arbeit das Ziel verfolgt subjektive Einstellungen, Erfahrungen und Wünsche von Schülern mit Migrationshintergrund zu ihrem persönlichen Integrationsprozess zu erfassen, wird im Folgenden genauer auf den theoretischen Rahmen der Sozialintegration eingegangen. Der Begriff der Systemintegration wird dagegen an dieser Stelle nicht weiter vertieft werden, da er seinen Blick auf die Gesellschaft als „Ganzes" richtet und dieses für die Bearbeitung der in dieser Arbeit gestellten Forschungsfrage nicht relevant ist. In der vorliegenden Arbeit steht das Subjekt im Mittelpunkt.
[30] Esser verwendet in seinen Ausführungen häufig den Begriff „Akteur", um den Begriff Integration möglichst neutral darzustellen. Um die Dimensionen sozialer Integration stärker mit dem Thema dieser Arbeit zu behaften, soll erwähnt werden, dass „Akteur" im Folgenden mit der Bezeichnung „Mensch mit Migrationshintergrund" gleichgesetzt wird.

kennung von „typischen" Situationen erleichtern, sowie Sicherheit in seinem Verhalten geben. Esser setzt das erworbene Wissen und die Kompetenzen der Akteure mit einer Art Humankapital gleich, in welches diese investieren können oder sogar müssen, wenn diese für andere Akteure interessant sein wollen (z.B. Finden eines Arbeitsplatzes). Die Sozialintegration als Kulturation ist also ein Prozess des Erwerbs der jeweiligen Wissens bzw. der jeweiligen Kompetenzen (vgl. Esser, 2000, S. 272).

- *Plazierung*

Unter Plazierung versteht Esser „die Besetzung einer bestimmten gesellschaftlichen Position durch einen Akteur" (Esser, 2000, S. 272). Akteure werden bei der Plazierung in ein bereits bestehendes System eingegliedert, das mit Positionen (z.B. Berufe, Bildungssystem, Wohnungsmarkt) versehen ist. Neben der Übernahme von Positionen ist die Verleihung von Rechten an die Akteure für die soziale Integration über die Plazierung von großer Bedeutung. Hier ist besonders das Staatsbürgerschaftsrecht zu nennen, welches als Grundlage für den Erwerb gesellschaftlicher Rechte (z.B. Wahlrecht) dient und die Teilhabe an poltischen Prozessen ermöglicht. Auch das Recht der Übernahme einer beruflichen Position ist elementar. Dies setzt meist eine bestimmte Bildungslaufbahn voraus. Desweiteren ist für Esser die Eröffnung von sozialen Gelegenheiten zur Knüpfung sozialer Beziehungen zu anderen Mitgliedern der Gesellschaft und die soziale Akzeptanz, als ein Fehlen von Vorurteilen, wichtige Bedingungen für die Plazierung.

Für Esser ist die Plazierung als Einbezug der Akteure in die Gesellschaft die wichtigste Form der Eingliederung. Denn hierdurch können die gesellschaftlich verwendbaren Kapitalien, wie Humankapital (siehe oben) oder ökonomisches Kapital (Einkommen) erlangt werden (vgl. Esser, 2000, S. 272 f.).

Mit der Dimension der *Plazierung* mit dem Erfordernis der Rechteverleihung und Öffnung sozialer Möglichkeiten für die Akteure, nimmt Esser auch die Aufnahmegesellschaft in die Pflicht. Er macht damit deutlich, dass eine Integration von Menschen mit Migrationshintergrund nur erfolgen kann, wenn ihnen die Aufnahmegesellschaft auch die Möglichkeiten dazu bietet. Damit grenzt er sich von einer Integration im Sinne von klassischer Assimilation deutlich ab.

- *Interaktion*

Mit Interaktion bezeichnet Esser die soziale Integration von Akteuren durch die Aufnahme sozialer Beziehungen im alltäglichen bzw. gesellschaftlichen Bereich (Freundschaften, Lebenspartner, Gruppen- oder Vereinsmitgliedschaften). Dabei orientieren sich die Akteure und die Akteure der Mehrheitsgesellschaft wechselseitig über ihr Wissen und ihre kulturellen „Symbole" aneinander. Dies führt zu einer Bildung von Beziehungen (vgl. Esser, 2000, S. 273).

Nach Esser bilden sozial integrierte Akteure untereinander und mit Personen der Mehrheitsgesellschaft Netze von Beziehungen, wie etwa Freundschaften oder das simple „Kennen". Diese werden von ihm als soziale Netze bezeichnet und können je nach Dichte des geknüpften Netzwerkes einen mehr oder weniger hohen Grad der sozialen Integration haben. Je nach Dichte bzw. Intensität der Beziehungen eines Akteurs zu einem Anderen, können nach Esser auch Akteure hinsichtlich ihres Grades der sozialen Integration unterschieden werden (vgl. Esser, 2000, S. 274).[31]

- *Identifikation*

Die emotionale Zuwendung des Akteurs zu dem betreffenden sozialen System, bezeichnet Esser mit Identifikation. Die Identifikation mit einem sozialen System ist nach Esser eine „besondere Einstellung eines Akteurs, in der er sich und das soziale Gebilde als eine Einheit sieht und mit ihm ‚identisch' wird" (Esser, 2000, S. 274 f.). Auf Menschen mit Migrationshintergrund übertragen bedeutet dies, dass sie sich mit der Aufnahmegesellschaft identifizieren und Zugehörigkeitsgefühle entwickeln. So entstehen beim Akteur Nationalstolz und ein „Wir-Gefühl" (vgl. ebd.).[32]

Bezüglich dieser Dimension sozialer Integration gibt es meines Erachtens noch Klärungsbedarf. Nach Esser müsse sich ein Mensch mit Migrationshintergrund mit dem Aufnahmeland emotional verbunden fühlen, um als sozial integriert zu gelten. Jedoch gibt es Menschen mit Migrationshintergrund, die in der dritten Generation in Deutschland leben, deutsch sprechen, deutsche Freunde haben, hier zur Schule gegangen sind, auch hier arbeiten und sich in Deutschland wohl

---

[31] Esser (vgl. 2000, S. 273 f.) unterscheidet zwischen drei Spezialfällen der Interaktion. Auf diese wird hier nicht weiter eingegangen werden, da die dargestellten Ausführen zu dieser Dimension sozialer Integration ausreichen, um die Forschungsfrage dieser Arbeit zu bearbeiten.

[32] Esser (vgl. 2000, S. 274 ff.) unterscheidet zwischen drei Formen der Identifikation. Aus den oben genannten Gründen wird sich mit diesen an dieser Stelle nicht auseinandergesetzt werden.

fühlen. Dennoch besitzen sie eine ausländische Staatsangehörigkeit und möchten diese nicht aufgeben. Sie als nicht-integriert zu bezeichnen wäre deshalb falsch. Zudem gibt es doch auch einheimische Menschen ohne Migrationshintergrund, die sich ebenfalls nicht mit dem Nationalstaat identifizieren können. Sind diese Menschen nicht integriert?

Aus den genannten Gründen wird der Dimension der *Identifikation* im sozialen Integrationsprozess ein relativ geringer Stellenwert zugeschrieben, da sie keine Aussagen über den Grad an der Teilhabe der Aufnahmegesellschaft macht.

- *Kausaler Zusammenhang der vier Dimensionen sozialer Integration*

Wie eingangs erläutert stehen diese vier Dimensionen der sozialen Integration in einem engen Zusammenhang und haben eine kausale Beziehung. Ihr Erfolg ist, laut Esser, in der genannten Reihenfolge voneinander abhängig (vgl. Esser, 2001, S. 17):

Menschen mit Migrationshintergrund können sich nur mit der aufnehmenden Gesellschaft identifizieren *(Identifikation),* wenn sie sich ihr zugehörig fühlen und diese Zugehörigkeit als ertragreich angesehen wird. Eine bedeutende Vorrausetzung hierfür ist der Einbezug positiv und interessant erlebter sozialer Beziehungen, wie z.B. Bekanntschaften oder Freundschaften *(Interaktion).* Voraussetzung dafür ist, dass die erforderlichen kulturellen Kompetenzen, insbesondere sprachlicher Art, vom Akteur erworben werden *(Kulturation).* Dieses wiederum ist abhängig von einem Minimum an *Plazierung* auf anregungsreichen und interessanten Positionen, denn jede *Kulturation* ist auf die Präsenz von unterschiedlichen Lerngelegenheiten angewiesen. Umgekehrt ist die Besetzung solcher interessanter Positionen nur möglich, wenn sprachliche und kognitive Kompetenzen erworben wurden.

Aus diesen Ausführungen lässt sich schließen, dass für Esser das Erreichen von sozialer Integration in allen Dimensionen von den nötigen *Plazierungen* und den dadurch gewonnenen Fähigkeiten und Kompetenzen (*Kulturation*) abhängt. Erst dann können *Interaktion* und *Identifikation* erreicht werden. Demnach haben für Esser die Dimensionen *Plazierung* und *Kulturation* den größten Stellenwert für die soziale Integration von Akteuren.

Auf die Integration von Menschen mit Migrationshintergrund bezogen, lässt sich ausdrücken, dass Essers Konzept der Sozialintegration die Individuen mit deren persönlichen Einstellungen, Motiven und Absichten in die Mitte des Eingliederungsprozesses rückt. Weil diese Studie das gleiche Ziel verfolgt, ist Essers Konzept geeignet, um die Forschungsfrage dieses Werkes zu behandeln. Aus diesen Gründen wird es als das gültige Integrationskonzept für den Rahmen dieser Untersuchung bestimmt.[33]

Die vier Dimensionen sozialer Integration werden, da sie den Integrationsbegriff sehr differenziert untergliedern und sich somit eignen Integrationsprozesse zu analysieren, für die Interpretation der geführten Interviews mit den Schülern mit Migrationshintergrund verwendet. Auch sind die Dimensionen grundlegend für die Erstellung des Interviewleitfadens.[34]

2.2.4 *Zusammenfassung*

Durch die Ausführungen in diesem Teilkapitel wurde deutlich, dass es nicht einfach ist, sich auf einen gültigen Integrationsbegriff zu einigen, da sich die Bedeutungen von Autor zu Autor unterscheiden. Auch wurde klar, dass Integration nur eine Form von Eingliederungsprozessen darstellt. Durch die Darstellung und Erklärung weiterer Begriffe wie *Akkulturation, Assimilation, Marginalität* oder *Segregation* wurde die große Begriffsvielfalt aufgezeigt.

Es wurde zudem auf die Entwicklung der in der Sozialwissenschaft veröffentlichten Theorien und Konzepte zu Eingliederungsprozessen eingegangen, welche seit den 1920er Jahren und besonders seit den 1970er Jahren in Deutschland publiziert worden waren. Bei der Darstellung dieser Entwicklung ging hervor, dass die Eingliederung von Einwanderern in den klassischen Theorien mit dem Begriff der *Assimilation*, im Sinne einer einseitigen Anpassung an die Mehrheitsgesellschaft, beschrieben wurde. Ab den 1980er Jahren wurde dann vermehrt der Integrationsbegriff in die sozialwissenschaftliche Forschung aufgenommen.

---

[33] Ist im weiteren Verlauf der Arbeit von *Integration* die Rede, so ist die *Sozialintegration* nach Esser gemeint. Zudem wird aus Einfachheitsgründen anstatt des Terminus *Dimensionen sozialer Integration* nachfolgend die Bezeichnungen *Dimensionen der Integration* oder *Integrationsdimensionen* verwendet.

[34] Wie genau die vier Dimensionen sozialer Integration nach Esser für die Untersuchung verwendet werden, wird in Kapitel 4 erläutert.

Besonders Hartmut Essers Integrationstheorie, bei der er zwischen *System- und Sozialintegration* unterscheidet, hat großes Ansehen in der sozialwissenschaftlichen Forschung erlangt, da sie den Eingliederungsprozess sehr differenziert darstellen lässt. Deshalb wurde Essers Konzept der *Sozialintegration* als das gültige Integrationskonzept für den Rahmen dieser Studie bestimmt. Das Konzept Essers wird für die Bearbeitung der Forschungsfrage dieses Werkes genutzt werden. Dabei werden die *vier Dimensionen sozialer Integration*, die den Integrationsprozess differenziert untergliedern, für die Gestaltung und Auswertung der Interviews mit den Schülern mit Migrationshintergrund verwendet.

In diesem Teilkapitel wurde ein gültiges Konzept des Integrationsbegriffs bestimmt und es wurde dargestellt in welchen Integrationsdimensionen Menschen mit Migrationshintergrund aktiv sein müssen, um sich erfolgreich integrieren. Nun stellt sich noch die Frage, wie oder wodurch die Integration der Menschen mit Migrationshintergrund erleichtert bzw. gefördert werden kann. Sucht man in der Literatur nach einer Antwort auf diese Frage, so wird man schnell fündig: *Durch den Sport!*

3   Integration durch Sport

Hinsichtlich einer Förderung der Integration von Menschen mit Migrationshintergrund in die Gesellschaft wird dem Sport von der Politik besonders großes Potenzial zugeschrieben. Dies macht besonders der von der Bundesregierung veröffentlichte Nationale Integrationsplan deutlich, in dem der Sport einen großen Stellenwert einnimmt und als „Integrationsmotor" bezeichnet wird (vgl. Bundesregierung, 2007, S. 20). Auch in den Medien werden erfolgreiche Sportler mit Migrationshintergrund gezeigt. Diese werden als Musterbeispiele für eine gelungene Integration durch Sport dargestellt. Diesbezüglich sind besonders die beiden deutschen Fußballnationalspieler Cacau[35] und Mesut Özil zu nennen, die sich trotz ihrer ausländischen Wurzeln entschieden haben für Deutschland zu spielen. All dies unterstreicht die große Bedeutung, die dem Sport für die Integration von Menschen mit Migrationshintergrund zugeschrieben wird. *Doch haben Politik und Medien Recht? Besitzt der Sport wirklich dieses Potenzial? Wie lautet der aktuelle Stand der Wissenschaft zu diesem Thema? Kann der Sport die Integration von Menschen mit Migrationshintergrund fördern - Realität oder Mythos?*
In Anlehnung an ausgewählte sportsoziologischer Literatur soll sich in diesem Kapitel mit diesen Fragen auseinander gesetzt werden. Da es sich bei der Untersuchungsgruppe um Schüler der Sekundarstufe I handelt und sie allesamt in einem Fußballverein spielen, wird sich in den folgenden Ausführungen ausschließlich auf den Schul- und Vereinssport[36] bezogen und deren Bedeutung für eine Integration von Menschen mit Migrationshintergrund untersucht.

Zu Beginn dieses Kapitels soll geklärt werden, was unter der Bezeichnung „Integration durch Sport" verstanden wird. Anschließend wird aufgezeigt, welches integrative Potenzial dem Sport von Wissenschaftlern zugeschrieben wird.
Darauffolgend wird der Schulsport in den Fokus der Beobachtung gerückt. Es sollen hier Chancen und Grenzen des Schulsports für eine Integration von Jugendlichen mit Migrationshintergrund dargestellt werden. Weiter werden ausgewählte Forschungsergebnisse präsentiert, die sich speziell auf das integrative

---

[35] Cacaus bürgerlicher Name ist Claudemir Jeronimo Barreto.
[36] Unter Schulsport wird im Rahmen dieser Arbeit der schulische Sportunterricht, sowie außerunterrichtliche sportliche Aktivitäten wie beispielsweise Arbeitsgemeinschaften verstanden.

Potenzial des Schulsports beziehen. Der Einbezug des Forschungsstandes in diese Studie ist notwendig, um später die eigene Untersuchung verorten und ihre Notwendigkeit begründen zu können. Auch sollen die bisherigen Forschungsergebnisse später bei der Auswertung der Interviews nochmals aufgegriffen werden und dort als Vergleichspunkte für die Ergebnisse dieser Untersuchung dienen. In gleicher Weise wird anschließend der Vereinssport auf seine integrativen Möglichkeiten untersucht. Außerdem wird auf die Teilnahme von Jugendlichen mit Migrationshintergrund im organisierten Sport eingegangen. Dazu werden Zahlen und Fakten zum Sportengagement dieser Gruppe dargelegt.

Durch die Ausführungen in diesem Kapitel soll verdeutlicht werden, welche Dimensionen der Integration besonders durch den (Schul-)Sport gefördert werden können.

3.1 Was bedeutet „Integration durch Sport"?

Christa Kleindienst-Cachay (vgl. 2007, S. 14) unterteilt diesen Terminus in eine *Integration in den Sport* und *Integration durch Sport*. Beim Ersteren handele es sich um die bloße Teilnahme und Teilhabe am Sport, wozu besonders der organisierte Sport der Vereine und Verbände gehört. Zum anderen ist bei einer *Integration durch Sport* von elementarer Bedeutung, dass durch die Teilnahme am Sport Prozesse in Gang gesetzt werden, durch die Menschen mit Migrationshintergrund „ihren Platz in unserer Gesellschaft finden" (Kleindienst-Cachay, 2007, S. 14). Ihrer Meinung nach dürfe Integration nicht mehr als „Assimilation" verstanden werden, sondern vielmehr im Sinne einer Teilnahme der Menschen mit Migrationshintergrund an der Aufnahmegesellschaft, sowie auch an der eigenen ethnischen Gemeinde. Dadurch können die Menschen in beiden Teilgesellschaft Anerkennung erhalten und so eine Balance zwischen der Kultur der Aufnahmegesellschaft und der Kultur der eigenen kulturellen Gemeinschaft erreichen (vgl. ebd., S. 15).

In Anlehnung an Kleindienst-Cachay beschreibt der Terminus *Integration durch Sport* im Rahmen dieser Studie also die Integration von Jugendlichen mit Migrationshintergrund in die Gesellschaft, welche durch die Teilnahme und Teilhabe am Sport gefördert wird.

3.2 Das integrative Potenzial des Sports

Aus den zahlreichen Bereichen der Gesellschaft wird besonders dem Sport ein großes integratives Potenzial zugeschrieben.[37] Nachfolgend sollen wissenschaftliche Aussagen aufgeführt werden, die diese Integrationskraft unterstreichen und es soll aufgezeigt werden, wieso gerade dem Sport dieses Potenzial beigemessen wird.

In einem Werkheft des Deutschen Sportbundes (DSB) (vgl. 2003, S. 8) zum Thema Integration ist zu lesen, dass der Sport einen Raum eröffnen könne, in dem bedeutende Voraussetzungen für eine Integration geschaffen werden können. Der Sport stelle Möglichkeiten bereit, das Selbstbewusstsein zu verbessern und die Akzeptanz von Regeln und Verhaltensweisen zu schulen. Zudem erleben die sporttreibenden Jugendlichen Spaß, Anerkennung, Toleranz und Respekt. Schlussfolgernd ist diesem Werkheft zu entnehmen, dass der Sport Grundwerte vermittle, die Menschen mit Migrationshintergrund bei der Integration helfen. Auch Kleindienst-Cachay (vgl. 2007, S. 15) ist der Meinung, dass der Sport bei Jugendlichen mit Migrationshintergrund durchaus zu einem Aufbau von Anerkennung beitragen könne. Einer Broschüre der Deutschen Sportjugend (DSJ) (vgl. 2010, S. 47) ist zudem zu entnehmen, dass im Sport soziale Kontakte ohne größere Probleme entstehen können. Keltek (2007, S. 62) fasst zusammen.

> „Der Sport leistet einen wertvollen Beitrag zur Integration in unsere Gesellschaft und kann es gerade Minderheiten erheblich erleichtern, sich gleichberechtigt und voll akzeptiert zu beteiligen".

Diese durch den Sport angeeigneten sozialen und kulturellen Fähigkeiten und Kompetenzen könnten, so wird in der Literatur argumentiert, auf andere gesellschaftliche Bereiche übertragen werden. So könnten die Jugendlichen beispielsweise das erworbene Selbstbewusstsein in das schulische oder berufliche Leben mitnehmen. Somit würde der Sport nicht nur zur persönlichen Entwicklung, sondern zu einer Integration in die Gesellschaft beitragen (vgl. Burrmann, Mutz & Zender, 2010, S. 254).

---

[37] An dieser Stelle ist das integrative Potenzial des allgemeinen Sporttreibens gemeint, welches dem Vereinssport, sowie auch dem Schulsport zugesprochen wird. Später wird sich mit dem speziellen integrativen Potenzial des Schul- und Vereinssports auseinandergesetzt.

Doch wieso werden gerade dem Sport all diese Fähigkeiten zugesprochen? Wie unterscheidet sich der Sport von anderen Bereichen der Gesellschaft?
Recherchiert man in der Literatur nach Antworten auf diese Fragen, so kommt man zum Ergebnis, dass sich der Glaube an die Integrationskraft des Sports aus zwei Grundannahmen ableitet (vgl. Thiel & Seiberth, 2007, S. 39).

Die erste Annahme erläutert, dass der Sport aufgrund global gültiger Regelwerke, sozialer Normen und Werte, eine Welt symbolisiere, in der alle Menschen unabhängig der geographischen Herkunft, Religion oder Ethnie gleichwertig sind (vgl. Eichberg, 2001, S. 44; DSB, 2003, S. 8). Dies erleichtere Menschen mit Migrationshintergrund die Teilnahme am Sport, da z.B. Fußball auf der ganzen Welt nach den gleichen Regeln gespielt wird (vgl. DSJ, 2010, S. 47).

Der zweiten Annahme zufolge kann der Sport die Integration fördern, weil die Sprache hier nur eine sekundäre Rolle einnimmt und dadurch Verständigung über Sprach- und Kulturbarrieren hinweg relativ einfach möglich ist (vgl. u.a. Thiel & Seiberth, 2007, S. 39; DSB, 2003, S. 8). Dies ermutigt Menschen mit Migrationshintergrund am Sport teilzunehmen und erleichtert somit den Zugang in die Gesellschaft.

Neben diesen beiden Annahmen, die die Grundlage für den Glauben an die Integrationskraft des Sports bilden, lassen sich in der Literatur noch weitere Gründe dafür finden, wieso gerade dem Sport integratives Potenzial beigemessen wird.

Keltek (vgl. 2007, S. 62) sieht die integrative Wirkung des Sports besonders darin begründet, dass es im Sport im Gegensatz zu anderen gesellschaftlichen Bereichen keine sozialen Voraussetzungen für einen Erfolg gibt. Demnach ist nahezu jeder Mensch in Deutschland in der Lage Sport zu treiben. Auch der DSB (vgl. 2003, S. 8) sieht diesen Punkt als bedeutsam an und äußert, dass der Sport dadurch offen für alle Bevölkerungsgruppen sei und Randgruppen einen relativ leichten Zugang zur Gemeinschaft bieten könne. Ein weiterer Grund offenbart sich, wenn man die Shell Studie aus dem Jahr 2000 untersucht. Dieser ist zu entnehmen, dass der Sportbereich die Freizeitaktivität ist, die von Migranten am häufigsten in ethnisch-gemischten Gruppen durchgeführt wird (vgl. Shell, 2000, S. 232). Daraus lässt sich schließen, dass der Sport am wenigsten mit Ethnizität zu tun hat und somit hier ein besonderes integratives Potenzial vorliegt.

Trotz all dieser angeführten Argumente, die das integrative Potenzial des Sports unterstreichen, darf der Sport in dieser Hinsicht nicht überschätzt werden. Die Sportsoziologie und -pädagogik betrachtet eine automatische Integrationsfunktion des Sports sehr kritisch und differenziert. Kleindienst-Cachay warnt davor dem Sport zu große Wirkung zuzusprechen und macht deutlich, dass der Sport nicht alleine Menschen mit Migrationshintergrund integrieren könne: „Der Sport vergibt keine Bildungsabschlüsse und auch keine Arbeitsplätze an Migrantinnen und Migranten" (2007, S. 15). Auch der Deutsche Olympische Sportbund (DOSB) (vgl. 2010, S. 4) äußert in seinem Integrationsverständnis, dass Sport nicht per se integrativ wirke und die Integrationspotenziale des Sports zielgerichtet angeregt und gefördert werden müsse.

Berücksichtigt man diese Aspekte, so treten zwei weiteren Fragen in den Vordergrund. Zum einen, *wie der Sport bewusst integrativ gestaltet werden kann* und zum anderen stellt sich dir Frage, *ob der Sport das ihm zugesprochene integrative Potenzial tatsächlich besitzt, oder anders ausgedrückt: Entspricht Integration durch Sport der Realität oder ist es ein Mythos?*

Um diese Fragen zu beantworten, werden im Folgenden der Schul- und Vereinssport hinsichtlich ihres integrativen Potenzials betrachtet, da aus der Sicht der wissenschaftlichen Forschung in Schule und Verein Integrationsmaßnahmen am geeignetsten umgesetzt werden können. Zur Auseinandersetzung mit der ersten Frage werden Chancen und Grenzen einer Integration durch Schul- bzw. Vereinssport aufgezeigt. Um herauszufinden ob der Sport tatsächlich integrativ wirken kann, werden Ergebnisse ausgewählter Forschungen dargestellt, die sich mit dem Thema *Integration durch Schul- bzw. Vereinssport* auseinandergesetzt haben.

3.3 Integration durch Schulsport

3.3.1 Chancen und Grenzen

Neben dem Vereinssport wird auch dem Schulsport ein großes integratives Potenzial zugesprochen. Doch welche *Chancen* hält der Schulsport hinsichtlich einer Integration von Schülern mit Migrationshintergrund bereit? Und wo stößt er an seine *Grenzen*?

Weil der Sportunterricht eine Pflichtveranstaltung darstellt, biete er nach Teubert und Kleindienst-Cachay (vgl. 2010, S. 206) die Chance, Kinder und Jugendliche jeder Nationalität zu erreichen. Im Vergleich zu anderen Fächern könne der Sport Chancen der Begegnung, der Bildung von Freundschaften, der Kooperation sowie der partnerschaftlichen Konfliktaustragung schaffen, wodurch die *soziale Integration*[38] gefördert werden könne.

Gebken und Vosgerau (vgl. 2009, S. 4) sind der Ansicht, dass der Sport eines der wenigen Felder darstellt, in denen sich verschiedene Kulturen und Milieus überhaupt noch begegnen, was zu einer Zusammenführung und Aktivierung der Menschen mit Migrationshintergrund führen könne. Burrmann, Mutz und Zender (vgl. 2011, S. 259) sind zudem der Auffassung, dass der Schulsport besonders für leistungsschwache Schüler mit Migrationshintergrund, die häufig als „Bildungsverlierer" bezeichnet werden, förderlich sein kann. Denn durch den Schulsport könnten Erfolgserlebnisse gemacht werden, die zum Aufbau einer positiven Einstellung zur Schule führen.

Eine weitere Chance für die Integration durch Schulsport sehen Volk, Eckhardt und Zulauf (vgl. 2007, S. 140) darin, dass die Schulklassen soziale Systeme bilden, in denen Schüler mit und ohne Migrationshintergrund gemeinsam leben und lernen, was ein Stück Lebenswirklichkeit repräsentiere, wie sie auch außerhalb der Schule in der Gesellschaft vorzufinden sei. Aus diesem Grund biete die Schule, insbesondere der Schulsport, äußerst gute Voraussetzungen für das Erlernen sozialer Kompetenzen (z.B. Kooperationsfähigkeit, Fairnesserziehung, Hilfsbereitschaft), die für die Integration von Schülern mit Migrationshintergrund förderlich sind. Gebken und Vosgerau (vgl. 2009, S. 4) schauen diesem Aspekt eher kritisch entgegen und meinen, dass durch den Schulsport zwar benachteiligte Schüler in ihre Klasse und Lerngruppe integriert werden

---

[38] Der hier von der Teuber und Kleindienst-Cachay verwendete Begriff der *sozialen Integration* ist gleichzusetzen mit Essers Dimension der *Interaktion*.

können, allerdings habe der Schulsport nicht die Fähigkeit diese Schüler in die Lebenswelt bzw. Gesellschaft zu integrieren. Hierzu seien Kooperationen zu Sportvereinen oder Einrichtungen der Jugendhilfe notwendig.

Dennoch gebe es nach Gebken und Vosgerau (vgl. 2009, S. 5) eine Chance, Schülern mit Migrationshintergrund durch den Schulsport grundlegende Elemente für eine erfolgreiche Integration zu vermitteln. Denn eine große Möglichkeit für ein gleichberechtigtes Miteinander sehen sie hinsichtlich der wachsenden ethnischen Heterogenität in Gesellschaft und Schule, in einem Verfügen von *interkulturellem Wissen*. Dieses Wissen sei wichtig, um „eigene und fremdkulturelle Orientierungssysteme besser verstehen und erfolgreich interagieren zu können" (2009, S. 5). Desweiteren meinen sie, dass interkulturelle Inhalte besonders durch den Schulsport vermittelt werden können. Daraus lässt sich schließen, dass besonders die Dimension der *Kulturation* durch den Schulsport gefördert werden kann. Auch Gieß-Stüber und Grimminger (vgl. 2007, S. 119) sehen durch die Vielfalt von Bewegungskulturen die Gelegenheit, sich durch den Schulsport selbst zu entdecken, sowie auch Andere als anders wahrzunehmen. Die Vermittlung von interkulturellem Wissen stellt für sie eine Schlüsselkompetenz der Sportlehrkräfte dar. Jedoch wisse der Großteil der Lehrer viel zu wenig über kulturelle Bräuche, religiöse Feste und deren möglichen Auswirkungen auf den Sportunterricht (vgl. Gebken & Vosgerau, 2009, S. 7; Gieß-Stüber & Grimminger, 2007, S. 112 f.). Dieses sei darauf zurückzuführen, dass sich das deutsche Bildungssystem noch nicht an die durch Migrationsbewegungen veränderte Gesellschaft angepasst hat. Die Deutschen Schulen orientieren sich

> „noch am Bild des nichtgewanderten, einsprachig aufgewachsenen Kindes, dessen Sozialisation in einer als sprachlich und kulturell homogen gedachten Gesellschaft stattfindet" (Gieß-Stüber & Grimminger, 2007, S. 110).

Infolgedessen werden interkulturelle Inhalte in der Aus- und Fortbildung der Lehrer bisher stark vernachlässigt, was zu einer Überforderung der Lehrkräfte im Umgang mit ethnisch heterogenen Klassen führt. Gieß-Stüber und Grimminger (vgl. 2007, S. 111) fordern infolgedessen zu einem Umdenken auf, da interkulturelle Lern- und Bildungsprozesse im Sportunterricht nicht umgesetzt werden können, wenn die Lehrer selbst nicht über interkulturelle Kompetenz verfügen.

Eine weitere Chance für die Integration durch Schulsport wird in schulischen *Arbeitsgemeinschaften (AGs)* gesehen. Durch die Sportarbeitsgemeinschaften lassen sich nach Burrmann, Mutz und Zender besonders Zugänge zu Schülern finden, die aus sozioökonomischen und kulturell benachteiligten Familien kommen. Dieses zeige sich daran, dass vor allem Schüler mit Migrationshintergrund, die niedrige Bildungsgänge besuchen, aus ärmeren Familien stammen und mit ihren Eltern zu Hause nicht die deutsche Sprache sprechen, die Sport-AGs besuchen. Zudem nehmen Schüler mit Migrationshintergrund an schulischen Sport-AGs überproportional häufig teil. Von den Mädchen nehmen 15 Prozent und von den Jungen sogar 30 Prozent an einer Sport-AG teil. Diese Zahlen übertreffen diejenigen der Schüler ohne Migrationshintergrund (vgl. 2009, S. 256). Doch wieso erreichen gerade die Sport-AGs benachteiligte Schüler mit Migrationshintergrund?

Als Gründe hierfür ist der Literatur zu entnehmen, dass die Schüler einen kostenlosen Zugang zum Sport erhalten, bei dem es keiner formalen Mitgliedschaft bedarf. Den Schülern stehen hier Sport- und Spielgeräte kostenfrei zur Verfügung. Wenn Kooperationen zwischen der Schule und Sportvereinen vorhanden sind, so können AGs die Schüler schrittweise in den Sportverein führen. Die AG bildet demnach zunächst eine Art Schutzraum, in dem die Schüler Sportarten ausprobieren können, ohne dass sie einem Leistungsdruck ausgesetzt werden, wie dies häufig in Sportvereinen der Fall ist (vgl. Burrmann, Mutz & Zender, 2009, S. 256; Vosgerau, 2009, S. 13). Besonders bei Schülerinnen mit Migrationshintergrund ist nach Vosgerau (vgl. 2009, S. 13 ff.) von großer Bedeutung, dass die Eltern der Institution Schule besonders vertrauen. Sie wissen, dass sie dort gut aufgehoben sind und sich in einem gewohnten Sozialraum bewegen und unterstützen daher die Anfänge der sportlichen Aktivitäten in der Schule eher als im Verein. Desweiteren ist Vosgerau (vgl. ebd.) der Meinung, dass AGs Ziele brauchen. Die Teilnahme an Spielen und Wettkämpfen verändere die AG, indem die Teilnehmer zielorientierter agieren und die eigenen Fähigkeiten verbessern wollen. Auch im Gruppengefüge ändere sich durch die Teilnahme an Turnieren etwas, da dadurch das Wir-Gefühl und der Zusammenhalt der Gruppe gestärkt werden. Dieses führe zu Stolz und stärkt das Selbstbewusstsein der Schüler mit Migrationshintergrund. Trotz dieser den Sport-AGs zugesprochenen Chancen für die Integration von Jugendlichen mit

Migrationshintergrund, steht man dem Integrationspotenzial der AG auch kritisch gegenüber.

Volk, Eckhardt und Zulauf (vgl. 2007, S. 140) sehen beispielsweise die Teilnahme von Sport-AGs an Wettkämpfen skeptisch entgegen, weil mit sportlichem Wettkampf immer auch Konkurrenzdenken verbunden sei und dieses unerwünschte Verhaltensweisen wie Egoismus, Schummeln oder Foulspielen hervorrufen könne. Auch stellt sich der schrittweise Übergang von der Sport-AG in den Sportverein nach Meinung von Gebken und Vosgerau (vgl. Gebken & Vosgerau, 2009, S. 3 ff.) als schwieriges Unterfangen dar, weil der Schul- und Vereinssport oft isoliert voneinander wirken und nicht miteinander kooperieren. Zudem stellen sie fest, dass Sport-AGs in Schulen häufig zeitgleich zu Förderunterricht der Hauptfächer angeboten wird, so dass leistungsschwache Schüler an Sport-AGs nicht teilnehmen können. Vosgerau (vgl. 2009, S. 6) fasst zusammen und meint, dass die Chancen von Sport-AGs für die Integration sehr wohl vorhanden sind, diese jedoch unterschätzt und kaum genutzt und werden. Dies liege vor allem daran, dass es noch keine inhaltlichen Pläne oder Curricula gibt.

Allerdings fehlen nicht nur für Sport-AGs inhaltliche Pläne, um die Integration zu fördern: Obwohl dem Schulsport von der Bildungspolitik neben der *Erziehung zum Sport* (beinhaltet u.a. Motivation zum lebenslangen Sporttreiben, Vermittlung grundlegender Fähigkeiten, motorischer Fertigkeiten und Kenntnissen) auch der Auftrag einer *Erziehung durch Sport* (beinhaltet u.a. die Vermittlung sozialer Kompetenzen) zuteilwird, wird in den aktuellen Bildungsstandards für das Fach Sport in der Realschule das Thema Integration oder Interkulturelles Wissen nicht angesprochen (vgl. Ministerium für Kultus, Jugend und Sport Baden-Württemberg, 2004, S. 138 ff.). Damit das integrative Potenzial des Schulsports genutzt werden kann, muss hier etwas getan werden.

3.3.2 Forschungsstand

Eine Recherche in der sportwissenschaftlichen Literatur nach Untersuchungen, die sich mit der integrativen Wirkung des Schulsports auseinandersetzen, erweist sich als ziemlich schwer, da sich bisher nur sehr wenige Wissenschaftler mit diesem Thema beschäftigten. Auch im wissenschaftlichen Diskurs spricht man daher oft von einer unbefriedigenden Befundlage (vgl. u.a. Gerlach, Barker, Gerber, Knöpfli, Müller und Pühse, 2011, S. 254). Im Folgenden sollen Ergebnisse der wenigen Forschungen vorgestellt werden, die sich mit dem Schulsport befassten und untersuchten, ob dieser tatsächlich das ihm zugesprochene integrative Potenzial besitzt.

Burrmann, Mutz und Zender (vgl. 2011, S. 259 ff.) verglichen in ihrer quantitativen Untersuchung die Wirkung von Sportvereinen und Schulsport-AGs auf die Integration von Jugendlichen mit Migrationshintergrund. Dabei untersuchten sie vor allem psychosoziale Effekte des Sporttreibens auf die Jugendlichen: *Selbstwirksamkeit, Anstrengungsbereitschaft, Akzeptanzgefühl und Gewaltbereitschaft*. Deren Berechnungen basieren auf einer Sekundäranalyse des Datensatzes, der im Rahmen der PISA-Studie 2000 erhoben wurde.
In ihren Auswertungen ging hervor, dass mit zunehmender sportlicher Aktivität[39] auch die *Selbstwirksamkeit* von Jugendlichen mit Migrationshintergrund steigt. Je mehr Sport diese treiben, desto größer ist deren Glaube an sich selbst mit schulischen Leistungssituationen effektiv umgehen und Schwierigkeiten bewältigen zu können. Sportlich aktive Schüler mit Migrationshintergrund trauen sich in der Schule mehr zu. Dabei stellen Burrmann, Mutz und Zender fest, dass weder die Mitgliedschaft in einem Sportverein, noch die in einer Sport-AG einen „eigenständigen Beitrag zur Vorhersage einer hohen Selbstwirksamkeitserwartung" (2011, S. 260) leistet.
Hinsichtlich einer Wirkung des Sports auf die *Anstrengungsbereitschaft* stellen sie fest, dass sportlich aktivere Jugendliche mit Migrationshintergrund etwas mehr Ausdauer und Anstrengung in das Lernen investieren, als Gleichaltrige, die weniger Sport treiben. Sie weisen jedoch darauf hin, dass die Effekte ziemlich gering sind. Zudem ergeben sich wiederrum keine Vorteile aus der Teilnahme am Schul- oder Vereinssport (vgl. ebd., S. 261).
Burrmann, Mutz und Zender (vgl. ebd.) stellen bei der Untersuchung des *Akzeptanzgefühls* Unterschiede zwischen einer Teilnahme an einem Sportverein und einer an einer Sport-AG fest: Während sich Sportvereinsmitglieder als beliebter bei Gleichaltrigen einschätzen, als sportvereinsabstinente Jugendliche

---

[39] Mit sportlicher Aktivität meinen die Autoren Burrmann, Mutz und Zender das Sporttreiben in der Freizeit der Jugendlichen mit Migrationshintergrund.

mit Migrationshintergrund, ergibt sich für Teilnehmer von Sport-AGs dieser positive Effekt nicht. Hieraus schließen sie, dass es dem Sportverein besser gelingt „Jugendliche in Kontakt zueinander zu bringen und die Freundschaftsbildung zu unterstützen" (ebd.). Hier liege die Stärke des Sportvereins. Jedoch weisen sie auch an dieser Stelle darauf hin, dass die Effekte relativ gering ausgeprägt sind.

Bei der Untersuchung der Gewaltbereitschaft von vereinsaktiven Jugendlichen mit Migrationshintergrund stellen die drei Wissenschaftler fest, dass diese häufiger Gewalt ausüben, als sportvereinsabstinente Jugendliche. Vor allem besitzen Jugendliche, die Kampf- und Kontaktsportarten (z.B. Boxen oder Ringen) ausüben, eine besonders hohe Gewaltbereitschaft. So kommen sie zum Schluss, dass durch Sporttreiben wohl auch Aggressionen aufgebaut werden können. Da Sport-AGs diese Sportarten in der Regel nicht anbieten, korreliere die Teilnahme auch nicht mit einer Gewaltbereitschaft (vgl. ebd., S. 262).

Nimmt man diese Untersuchung als Grundlage, so lässt sich für das integrative Potenzial des Schulsports zusammenfassen, dass die Teilnahme an einer Sport-AG kaum Integrationseffekte bereithält und daher die Integration von Jugendlichen mit Migrationshintergrund kaum fördern kann. Besonders deutlich wird dies, wenn man bedenkt, dass sich durch die Teilnahme an einer Sport-AG in keinem der vier untersuchten Bereiche Vorteile für eine Integration von Jugendlichen mit Migrationshintergrund ergeben haben.[40]

Gerlach et. al. (2011, S. 254 ff.) erstellten eine Unterrichtsreihe für den Sportunterricht zur Förderung des interkulturellen Lernens und der Integration. Diese Unterrichtsreihe wurde an 30 achten und neunten Klassen in Weiterbildungsschulen in der Schweiz durchgeführt. Nach der Durchführung dieser Intervention, wurde das „interkulturelle Reflexionswissen" (ebd., S. 255) von 483 Schülern (davon hatten ca. 40 Prozent einen Migrationshintergrund) analysiert. Die Wissenschaftler erstellten für die Auswertung vier Reflexionslevels. Dabei wurde heraus gefunden, dass nur 1 Prozent der Jugendlichen Level 4 erreichten. Der Großteil der Jugendlichen (37 Prozent) erreichte ein Niveau zwischen Level 3 und 4. Der Reflexionslevel wurde von ihnen deshalb als „relativ niedrig" (ebd., S. 256) bezeichnet. Bei einer weiteren Analyse, die sich mit den

---

[40] Die Studie von Burrmann, Mutz und Zender (vgl. 2011) wird in Kapitel 3.3.3 nochmals aus der Sicht des Vereinssports analysiert.

Gründen für diesen niedrigen Reflexionslevel auseinandersetzte, wurde herausgefunden, dass die Ausprägung des Levels „nur von der Qualität der Implementation abhängt" (ebd., S. 256). Dies verdeutlicht, wie sehr das interkulturelle Lernen im Sportunterricht von der didaktischen Vermittlung der Lehrkräfte abhängt.

Bei Betrachtung der Ergebnisse fällt auf, dass das dem Schulsport beigemessene integrative Potenzial kaum empirisch belegt ist. Auffällig ist zudem, dass die gefundenen Studien allesamt quantitativer Art sind. Jugendliche mit Migrationshintergrund sind bisher nicht selber zu Wort gekommen, da die Forschungen aus der Perspektive der Mehrheitsgesellschaft durchgeführt wurden.

3.4 Integration durch Vereinssport

Hinsichtlich einer Integration durch Vereinssport wird sich in diesem Teilkapitel mit zwei Fragen auseinandergesetzt: Zum einen geht es um die Frage der *Integration in den Sport*. Hier wird die Sportbeteiligung von Jugendlichen mit Migrationshintergrund im Vereinssport untersucht. Zum anderen wird der Frage nachgegangen, welche Chancen (aber auch Grenzen) der Vereinssport für die Integration Jugendlicher mit Migrationshintergrund bereithält und was die Wissenschaft zu diesem Thema bisher herausgefunden hat. Demzufolge geht um eine *Integration durch Sport*.

3.4.1 Zur Partizipation von Jugendlichen mit Migrationshintergrund in Sportvereinen

Viele Wissenschaftler schreiben dem Vereinssport ein großes integratives Potenzial zu.[41] Damit dieses Potenzial genutzt werden kann, müssen die Jugendlichen mit Migrationshintergrund zunächst einmal den Sportvereinen beitreten. Um herauszufinden, ob die Sportvereine Jugendliche mit Migrationshintergrund überhaupt erreichen, ist es von großer Bedeutung zu wissen, wie viele Jugendliche mit Migrationshintergrund einem Sportverein angehörig sind. Die Teilnehmerzahlen können zudem Aufschluss darüber geben, woran noch gear-

---

[41] Die Chancen und Grenzen des Vereinssports hinsichtlich einer Integration von Jugendlichen mit Migrationshintergrund werden in Kapitel 3.4.2 dargestellt.

beitet werden muss, da möglicherweise Barrieren zum Vorschein kommen, die den Jugendlichen die Teilnahme an Sportvereinen erschweren.

Die Ermittlung verlässlicher Daten zum Sportvereinsengagement von Jugendlichen in Deutschland erweist sich als schwieriges Unterfangen. Als Gründe hierfür nennt Kleindienst-Cachay (vgl. 2007, S. 19) zum einen, dass die Sportverbände in ihrer Mitgliederstatistik das Merkmal „Nationalität" nicht erheben und zum anderen, dass es keine neueren empirischen Untersuchungen zu diesem Thema gibt.

Burrmann, Mutz und Zender (vgl. 2010, S. 253 ff.) haben versucht Licht ins Dunkel zu bringen und mittels einer Sekundäranalyse der Daten, die im Rahmen der PISA-Studie 2000 erhoben wurden, die Anzahl der vereinsorganisierten 15-Jährigen Jugendlichen in Deutschland ermittelt.

Die Ergebnisse zeigen, dass ein Sporttreiben im Rahmen des Vereins bei den 15-Jährigen Jugendlichen sehr beliebt ist. 48 Prozent der Jugendlichen ohne Migrationshintergrund und 43 Prozent der Jugendlichen mit Migrationshintergrund sind demnach in einem Sportverein organisiert. Die Wissenschaftler weisen darauf hin, dass es bei den Jugendlichen mit Migrationshintergrund große Geschlechterunterschiede hinsichtlich eines Sportengagements im Verein gibt. Dieses liegt daran, weil sich Jungen besonders häufig und Mädchen besonders selten vereinssportlich engagieren. Während sich 57 Prozent der Jungen mit Migrationshintergrund einem Sportverein anschließen, sind nur 28 Prozent der Mädchen in einem Verein organisiert. Bei den Jugendlichen ohne Migrationshintergrund ist die Kluft nicht so immens: 54 Prozent der Jungen und 42 Prozent der Mädchen sind Mitglied in einem Sportverein. Zudem machen Burrmann, Mutz und Zender deutlich, dass die Sportbeteiligung von der sozioökonomischen Situation der Familie abhängig ist. Besonders die Jugendlichen (mit oder ohne Migrationshintergrund) sind in einem Sportverein organisiert, die „über größere finanzielle Spielräume, höhere Bildungsabschlüsse und mehr kulturelle Ressourcen verfügen" (ebd., S. 255). Die Wissenschaftler fanden heraus, dass sich besonders Mädchen öfter vereinssportlich engagieren, wenn sie aus sozioökonomisch privilegierten Elternhäusern kommen. Bei den Jungen ist die soziökonomische Situation dagegen nicht so entscheidend, was ein relativ häufiges Engagement in Sportvereinen zur Folge hat (vgl. ebd., S.

254 f.). Dass soziökonomische Bedingungen eine Rolle für das Sportvereinsengagement von Jugendlichen bildet, widerlegt die Thesen von Keltek und dem DSB[42], die das integrative Potenzial des Sports besonders darin sehen, dass es keine sozialen Voraussetzungen gebe und dadurch Randgruppen einfach an der Gemeinschaft teilnehmen können. Folgt man den Ergebnissen von Burrmann, Mutz und Zender, so sind die Thesen von Keltek und dem DSB in Bezug auf den Vereinssport sicherlich den Mythen zuzuordnen (vgl. ebd., S. 254 f.).

Auch Fussan und Nobis (vgl. 2007, S. 277 ff.) erfassten durch Sekundäranalysen des Sozio-ökonomischen Panels und der Shell-Studie 2000 Vereinsmitgliederzahlen.[43] Die beiden Wissenschaftlerinnen gelangen zu den gleichen Ergebnissen wie Burrmann, Mutz und Zender, wobei die Zahlen abweichend sind. Ihre Auswertungen ergeben, dass 26,4 Prozent aller Jugendlichen mit Migrationshintergrund in einem Sportverein organisiert sind. Auch kommen sie zum Ergebnis, dass es große geschlechtsspezifische Unterschiede hinsichtlich eines Vereinssportengagements gibt: 46,2 Prozent der Jungen und nur 7,2 Prozent der Mädchen mit Migrationshintergrund sind in einem Sportverein organisiert. Demnach ist hier die Spanne zwischen den Jungen und den Mädchen noch größer als bei der Studie von Burrmann, Mutz und Zender. Auch stellen sie fest, dass Bildungsunterschiede die Teilnahme an Sportvereinen beeinflussen. Ihren Auswertungen zufolge nehmen mehr Gymnasiasten mit Migrationshintergrund (37 Prozent) am Verein teil, als Real- (24,4 Prozent) oder Hauptschüler (16,7 Prozent). An dieser Stelle ist anzumerken, dass die Bildungsunterschiede auch bei Jugendlichen ohne Migrationshintergrund in gleicher Weise zum Tragen kommen (vgl. ebd., S. 282 ff.).

Die Ausführungen zeigen, dass sich Jugendliche mit Migrationshintergrund hinsichtlich eines Sportengagement im Sportverein nicht sonderlich von Jugendlichen ohne Migrationshintergrund unterscheiden. Der Sportverein bildet für beide den beliebtesten Rahmen für ein Sporttreiben. Während Jungen mit

---

[42] Vergleiche hierzu Kapitel 3.2.
[43] Hier wird allerdings nur auf die ermittelten Zahlen des Sozi-ökonomischen Panels eingegangen, da hier die Zielgruppe ein Alter von 16 bis 18 Jahren hat, während bei der Shell-Studie 2000 die Altersspanne von 15 bis 24 Jahren reicht.

Migrationshintergrund in Sportvereinen stark repräsentiert sind, bleiben Mädchen mit Migrationshintergrund jedoch Sportvereinen häufig fern. Auch gehören Jugendliche mit schlechten sozialen, kulturellen und ökonomischen Bedingungen selten Sportvereinen an. Hier besteht also noch Handlungsbedarf, wenn der Sportverein eine wirksame Integrationsarbeit leisten möchte (vgl. Burrmann, Mutz & Zender, 2010, S. 257).

3.4.2 Chancen und Grenzen

Die DSJ (vgl. 2010, S. 47) sieht einen Teil des integrativen Potenzials des Sportvereins darin, dass der Sport für Jugendliche mit Migrationshintergrund relativ leicht erreichbar ist. Mit einer flächendeckenden Verbreitung von etwa 90 000 Sportvereinen in Deutschland sei eine gute Erreichbarkeit garantiert. Dadurch können sich Jugendliche mit Migrationshintergrund in einem sozialen Handlungsfeld beteiligen, das großes Ansehen in der deutschen Gesellschaft genießt. Auch in dem von der Bundesregierung vorgestellten Nationalen Integrationsplan (vgl. 2010, S. 139 ff.) wird dem Vereinssport für die Integration großes Potenzial beigemessen. Besonders sollen Jugendliche mit Migrationshintergrund durch die Teilnahme am Vereinssport Chancen für eine *soziale Integration*[44] eröffnet werden. Dieses wird dadurch begründet, dass im Vereinssport unterschiedliche Ethnien in Kontakt miteinander kommen, welches die Grundlage für die Herstellung sozialer Beziehungen und dem Aufbau sozialer Bindungen darstelle (vgl. ebd., S. 140). Fussan (vgl. 2007, S. 298 ff.) unterstützt diese Thesen und meint, dass der vereinsorganisierte Sport Besonderheiten aufweise, die besonders förderlich für die Einbindung von Jugendlichen mit Migrationshintergrund in Peer-Groups sind. Sie hebt hier besonders das spezifische Integrationspotenzial des *Wettkampf-Mannschaftssports* hervor. Hier treffen sich die Jugendlichen regelmäßig mehrmals in der Woche zum Training, was dazu führt, dass die Jugendlichen einen großen Teil in ihrer Freizeit zusammen mit ihren Teamkameraden verbringen. Zudem sei ein Engagement in einem Sportverein in der Regel längerfristig, so dass die Jugendlichen über einen längeren Zeitraum eine Sportart ausüben und somit „in einer stabilen Mitgliederkonstellation agieren" (ebd., S. 300). Fussan meint zudem, dass

---

[44] Der hier von der Bundesregierung verwendete Begriff der *sozialen Integration* ist gleichzusetzen mit Essers Dimension der *Interaktion*.

durch den Wettkampfsport besonders Jugendliche sozial integriert werden können, die außerhalb des Sports Akzeptanzprobleme haben. Dieses liege daran, da hier größtenteils die Leistung für die Akzeptanz der einzelnen Personen entscheidend ist und somit Diskriminierungen entgegen gewirkt wird. Kleindienst-Cachay (vgl. 2007, S. 71 ff.) sieht in diesem Punkt auch eine Stärke des Wettkampfsports, warnt allerdings davor, dass der sportliche Erfolg nie dauerhaft vorhanden ist. Deshalb sei auch die Gefahr vorhanden nur interessant für andere Personen zu sein, so lange man gute sportliche Leistungen bringt.

Auch Burrmann, Mutz und Zender gehen davon aus, dass es Jugendliche mit Migrationshintergrund durch Sportvereine einfacher haben Freunde zu finden und bezeichnen den Sportverein als „Kontaktbörsen" (2011, S. 261).

Eine weitere Chance für eine Integrationsförderung ergibt sich laut DSJ (vgl. 2010 a, S. 77) dadurch, dass Jugendliche mit Migrationshintergrund ein positives Gefühl entwickeln, weil sie ein festes Mitglied einer Gruppe sind. Dadurch entwickele sich Selbstbewusstsein und Gefühle der sozialen Integration und Akzeptanz.

Neben der Chance der Sozialen Integration wird dem Sportverein im Nationalen Integrationsplan auch die Fähigkeit zugeschrieben, die *kulturelle Integration*[45] von Jugendlichen mit Migrationshintergrund zu fördern (vgl. Bundesregierung, 2010, S. 140). Dieses geschehe dadurch, dass in Sportvereinen Kulturtechniken, wie z.B. die deutsche Sprache oder kulturelle Verhaltensnormen in Alltagssituationen, vermittelt werden. Da Sportvereine zudem nicht nur Orte des Sporttreibens darstellen, sondern auch Orte der Alltagskommunikation seien, könne der Sportverein auch als Plattform für ein wechselseitiges interkulturelles Lernen dienen. Damit es zu einer Verständigung zwischen verschiedenen Kulturen kommen kann, bedarf es allerdings an „interkulturellen Vermittlern" (Bundesregierung, 2010, S. 140). Besonders geeignet hierfür seien Menschen mit Migrationshintergrund, die zwischen beiden Kulturen vermitteln können. Auch die DSJ (vgl. 2010, S. 47 ff.) fordert die Einbindung von Menschen mit Migrationshintergrund in die Vereinsarbeit, da diese in der Vereinsorganisation stark unterrepräsentiert seien. Dazu sei eine interkulturelle Öffnung der Verei-

---

[45] Der hier von der Bundesregierung verwendete Begriff der *kulturellen Integration* ist gleichzusetzen mit Essers Dimension der *Kulturation*.

ne notwendig, so dass Menschen mit Migrationshintergrund den Verein z.B. als Trainer oder Vorstandsmitglied gleichberechtigt mitgestalten können. Der DSB (vgl. 2004, S. 5) ist zudem der Ansicht, dass die Integrationsfähigkeit im Sportverein steige, umso mehr Menschen mit Migrationshintergrund Funktionen im Verein übernehmen. Die DSJ (vgl. 2010, S. 47) stellt an dieser Stelle besonders die Position bzw. Funktion des Trainers in den Mittelpunkt. Um interkulturelles Lernen anleiten zu können, müsse erst einmal der Trainer selbst über diese Kompetenzen verfügen. Aus diesem Grund fordern sie eine verstärkte interkulturelle Fortbildung der Trainer und Übungsleiter. Zudem gehen Burrmann, Mutz und Zender (vgl. 2011, S. 259 ff.) davon aus, dass jugendliche Sportvereinsmitglieder über eine höhere Selbstwirksamkeit, Lernbereitschaft und über ein höheres Akzeptanzgefühl verfügen. Diese Kompetenzen fördern die kulturelle Integration von Jugendlichen mit Migrationshintergrund.

Folgt man den vorgestellten Ausführungen, so scheint der Vereinssport ein ideales Feld für die Förderung der Integration von Jugendlichen mit Migrationshintergrund zu sein. Jedoch wird in der Literatur oft davor gewarnt, das integrative Potenzial des Vereinssports zu überschätzen. Das bloße Mitspielen im Sportverein reiche sicherlich nicht aus, um Jugendliche zu integrieren. Denn nicht immer seien die Bedingungen in Vereinen optimal, um dem großen Integrationspotenzial gerecht zu werden (z.B. zu wenige Menschen mit Migrationshintergrund in der Vereinsorganisation, schlecht ausgebildete Trainer). Viele Vereine müssten sich demnach einem freiwilligen Veränderungsprozess unterziehen, wenn sie das gesamte Potenzial entfalten möchten.

3.4.3 Forschungsstand

Dem Sportverein werden viele Chancen zugesprochen, die Integration von Jugendlichen mit Migrationshintergrund fördern zu können. Doch entsprechen diese Annahmen der Realität?
Im Folgenden sollen ausgewählte Ergebnisse von Forschungen präsentiert werden, die sich mit dem integrativen Potenzial des Vereinssports auseinandersetzten.

Gerber, Gerlach und Pühse (vgl. 2011, S. 232) gingen im Rahmen ihres SSINC-Surveys[46] der Frage nach, ob ein Sportengagement von Jugendlichen mit Migrationshintergrund im Verein Auswirkungen auf deren Umfang der Kontakte zu anderen Peers hat. Dazu werteten sie Daten aus Fragebögen von 1482 Schülern aus, wobei deren Altersdurchschnitt bei 14 Jahren lag.

Die Ergebnisse zeigen, dass mit steigendem Sportengagement der Umfang der Kontakte zu inländischen, wie auch zu ausländischen Peers steigt. Besonders die Jugendlichen der zweiten Einwanderungsgeneration profitieren von einem regelmäßigen Sportengagement, indem es ihnen hilft Freundschaftsbeziehungen aufzubauen. Demgegenüber stehen die Jugendlichen der ersten Zuwanderungsgeneration, die deutlich weniger Teil einer Clique sind, als die Jugendlichen der zweiten oder dritten Generation. Aus diesem Grund lasse sich nicht pauschal annehmen, dass die Teilnahme am Sportverein zu mehr Kontakten führt. Jedoch ist positiv anzusehen, dass sportlich aktive Jugendliche mit Migrationshintergrund die gleichen Freundschaftserfahrungen machen wie Jugendliche ohne Migrationshintergrund.

Auch Fussan (vgl. 2007, S. 299 ff.) untersuchte, ob sportvereinsorganisierte Jugendliche Vorteile hinsichtlich einer Einbindung in Peer-Netzwerke haben. Zur Erhebung der Daten verwendete sie eine Sekundäranalyse der Daten des Sozioökonomischen Panels sowie der Shell-Studie 2000.

Sie kam zu dem Ergebnis, dass es zumindest tendenzielle Unterschiede zwischen vereinsorganisierten und nicht vereinsorganisierten Jugendlichen mit Migrationshintergrund hinsichtlich deren Einbindung in Peernetzwerke gibt. Fussans Daten zufolge, sind Sportvereinsmitglieder häufiger einer Clique angehörig und haben öfters einen besten Freund als Jugendliche mit Migrationshintergrund, die keinem Sportverein zugehörig sind. Zudem verbringen die vereinsorganisierten Jugendlichen häufiger Zeit mit ihrem besten Freund und ihrer Clique und sprechen der Beziehung zu ihren guten Freunden eine größere Bedeutung zu als nicht vereinsorganisierte Jugendliche mit Migrationshintergrund. Jedoch verweist Fussan drauf, dass die Unterschiede zwischen den bei-

---

[46] Die Studie wurde in der Schweiz durchgeführt und bezieht sich daher auf dort lebende Jugendliche.

den Gruppen nicht besonders signifikant sind und warnt deshalb davor diese Ergebnisse überzubewerten.

In der qualitativen Studie von Kleindienst-Cachay und Kuzmik (vgl. 2007, S. 12 f.) wurde die Bedeutung eines fußballerischen Engagement für die psychosoziale Entwicklung im Jugendalter für türkisch-muslimische Mädchen untersucht. Dabei kamen die weiblichen Jugendlichen selber zu Wort und äußerten ihre Erfahrungen und Einstellungen zum Thema Integration durch Sport in Interviews.

Die Auswertungen der Interviews zeigen, dass das „Fußballspielen als Katalysator jugendlicher Entwicklungsprozesse" (ebd., S. 12) wirken kann. Bei den Mädchen unterstützte der Fußball besonders die Ausbildung von freundschaftlichen Strukturen. Ein Mädchen meinte sogar, dass die Mannschaft „so wie ´ne Familie" (ebd., S. 13) ist. Schlussfolgernd meinen die beiden Wissenschaftlerinnen, dass viele bedeutende soziale und persönliche Bedürfnisse über die sozialen Bindungen in der Fußballmannschaft befriedigt werden können (vgl. ebd., S. 13).

Burrmann, Mutz und Zender (vgl. 2011, S. 259 ff.) führten eine quantitative Studie durch, in der sie das integrative Potenzial von Sportvereinen und Schulsport-AGs verglichen. Obwohl die Ergebnisse dieser Studie in dieser Untersuchung schon dargestellt wurden, soll durch Tabelle 2 die besondere Stärke von Sportvereinen hinsichtlich einer Förderung der Integration von Jugendlichen mit Migrationshintergrund veranschaulicht werden.

	Umfang des Sporttreibens	Mitglied im Sportverein	Teilnahme an einer Sport-AG
Anstrengungsbereitschaft	+	o	o
Selbstwirksamkeit	+	o	o
Beliebtheit bei Gleichaltrigen	+	+	o
Gewaltbereitschaft	+	+	o
Anmerkungen: „+" bedeutet „positiver bzw. verstärkender Effekt auf ..." „o" bedeutet „es besteht kein Zusammenhang zwischen ..."			

Tab. 2. *Überblick über psychische Effekte des Sporttreibens (Burrmann, Mutz und Zender, 2011, S. 261 f.).*

Bei Betrachtung der Tabelle 2 lassen sich positive Effekte des Sporttreibens auf die Anstrengungsbereitschaft, Selbstwirksamkeit und Beliebtheit bei Gleichaltrigen erkennen. Demzufolge haben sportlich aktivere Jugendliche mit Migrationshintergrund leichte Vorteile gegenüber weniger aktiven Altersgleichen. Dabei scheint es egal zu sein, wo man Sport treibt, da sich für die Teilnahme am Sportverein bzw. an einer Sport-AG kaum positive Effekte ableiten lassen. Die Mitgliedschaft im Sportverein hat laut Burrmann, Mutz und Zender nur Auswirkungen auf die Beliebtheit bei Gleichaltrigen, worin ihrer Meinung nach auch die Stärke des Sportvereins liegt. Sie sind der Ansicht, dass es dem Sportverein gelingt Jugendliche in Kontakt zu bringen und die Freundschaftsbildung zu unterstützen. Jedoch zeigen die Ergebnisse auch, dass vereinsorganisierte Jugendliche öfters Gewalt ausüben als sportlich inaktive Jugendliche. Dadurch wird gezeigt, dass der Sport nicht nur positive Auswirkungen auf die Integration von Jugendlichen haben kann.

Bei Betrachtung der Forschungsergebnisse wird deutlich, dass der Vereinssport besonders zur Freundschaftbildung beitragen kann, also die Dimension der Interaktion fördern kann. Andere Annahmen sind dagegen kaum empirisch gestützt. Besonders wurde sich noch nicht mit der angeblichen Förderung der Dimension der Kulturation (Sprachförderung, Vermittlung von kulturellen Verhaltensnormen, interkulturelles Lernen) durch den Vereinssport auseinandergesetzt. Auffällig ist zudem, dass die wenig vorhandenen Studien zu diesem Thema meistens quantitativer Art sind (siehe z.B. Fussan, 2007; Burrmann, Mutz & Zender, 2011). Jedoch sind an dieser Stelle auch auf einzelne qualitative Interviewstudien zum Thema hinzuweisen, die sich besonders mit der Zielgruppe der türkisch-muslimischen Jugendlichen[47] auseinandersetzen (siehe z.B. Kleindienst-Cachay, 2007; Frey, 2010; Boos-Nünning & Karakasoglu, 2005). Die männlichen Jugendlichen mit Migrationshintergrund in den Mittelpunkt der Betrachtung zu stellen, wurde in den Forschungen bisher stark vernachlässigt.

---

[47] In diesen Studien wird zum großen Teil ausschließlich die Zielgruppe der türkisch-muslimischen Mädchen untersucht. Das liegt daran, dass diese Gruppe in den Sportvereinen besonders unterrepräsentiert ist.

3.5 Zusammenfassung

Die Ausführungen in diesem Kapitel machen deutlich, dass dem Sport von der Wissenschaft ein großes Potenzial zugeschrieben wird, die Integration von Jugendlichen mit Migrationshintergrund zu fördern. Der Sport stelle Möglichkeiten bereit, das Selbstbewusstsein zu verbessern und Spaß, Anerkennung, Toleranz und Respekt zu erleben. Die durch den Sport angeeigneten sozialen und kulturellen Fähigkeiten und Kompetenzen könnten, so wird in der Literatur argumentiert, auf andere gesellschaftliche Bereiche übertragen werden. Somit würde der Sport nicht nur zur persönlichen Entwicklung, sondern auch zu einer Integration in die Gesellschaft beitragen.

Allerdings werden die Annahmen, die von verschiedenen Wissenschaftlern über die Integrationskraft des Sports getroffen wurden, bisher kaum empirisch gestützt.

In diesem Zusammenhang ist besonders der *Schul- und Vereinssport* zu nennen, welchem ein großes integratives Potenzial beigemessen wird, da Wissenschaftler der Ansicht sind hier Integrationsmaßnahmen am geeignetsten umsetzen zu können.

Da der *Schulsport* für alle Schüler verpflichtend ist, können hier die Jugendlichen mit Migrationshintergrund sehr gut erreicht werden. Wirft man einen Blick auf die dem Sport zugeschriebenen Chancen, so fällt auf, dass ihm besonders die Förderung der Dimensionen der *Interaktion* (z.B. durch Bildung von Freundschaften, Kooperation) und *Kulturation* (z.B. durch interkulturelles Lernen) beigemessen wird. Jedoch machen die wenigen Forschungsergebnisse deutlich, dass der Schulsport nicht das hält, was von ihm erwartet wird.

Die Dimensionen Interaktion und Kulturation sollen im Rahmen des Schulsports durch die *Sport-AG* und einem *interkulturellen Lernen* gefördert werden, da hier besonders große Integrationspotenziale liegen. Die angebliche Integrationskraft der Sport-AG wurde durch die Studie von Burrmann, Mutz und Zender (vgl. 2011, S. 259 ff.) stark in Frage gestellt und ein interkulturelles Lernen kann im Rahmen des Schulsports noch nicht hinreichend umgesetzt werden, da es an inhaltlichen Konzepten und kompetenten Lehrern fehlt.

Auch durch den *Vereinssport* ist ein Großteil der Jugendlichen mit Migrationshintergrund erreichbar. Verschiedene Studien zeigen, dass Jungen mit Migrationshintergrund zu einem großen Anteil in Vereinen organisiert sind und prozentual gesehen sogar häufiger Vereinsmitglieder sind als einheimische Jungen. Auch zeigen die Studien, dass Mädchen und sozioökonomisch schwache Jugendliche mit Migrationshintergrund in Vereinen stark unterrepräsentiert sind. Auch in der Vereinsorganisation sind Menschen mit Migrationshintergrund nicht so häufig Vertreten wie Menschen ohne Migrationshintergrund. Dennoch stellen die Sportvereine (abgesehen von der Schule) den gesellschaftlichen Bereich dar, durch den Jugendliche mit Migrationshintergrund am besten erreicht werden können.

Die Ausführungen zeigen, dass die Wissenschaft den Sportvereinen besonders das Potenzial zuschreibt, die Dimensionen *Interaktion* (Freundschaftsbildung) und *Kulturation* (Sprachförderung, Vermittlung von kulturellen Verhaltensnormen, interkulturelles Lernen) zu fördern. Der Blick auf die bisher durchgeführten Studien machen deutlich, dass der Sportverein Jugendliche mit Migrationshintergrund besonders in der Freundschaftsbildung unterstützen kann. Jedoch fehlen bisher jegliche Forschungsergebnisse, die die Förderung der Kulturation durch den Sportverein belegen.

Sowohl der *Forschungsstand* des Schulsports, als auch der des Vereinssports hinsichtlich einer Integrationsförderung von Jugendlichen mit Migrationshintergrund, lässt erkennen, dass bisher nur relativ wenige Studien durchgeführt wurden. Dieses deutet darauf hin, dass in dem Themenkomplex Migration, Integration und Sport eine mangelnde Befundlage vorherrscht. Auffällig hierbei ist, dass die bisherigen Studien überwiegend quantitativer Art sind. Die sehr wenigen qualitativen Studien zu diesen Themen untersuchen vorwiegend die Gruppe der türkisch-muslimischen Mädchen (siehe z.B. Kleindienst-Cachay, 2007; Frey, 2010; Boos-Nünning & Karakasoglu, 2005). Demzufolge wurde bisher ein Blick auf die männlichen Jugendlichen mit Migrationshintergrund in der qualitativen Forschung vernachlässigt.

Mit einem Blick auf die Literatur lässt sich abschließend die Frage, ob der Schul- bzw. Vereinssport die Integration tatsächlich fördern kann, nicht pauschal beantworten. Allerdings ist klar, dass Integration nicht automatisch passiert. Die Chancen für eine erfolgreiche Integration sind auf jeden Fall gegeben, jedoch wirken sehr viele Faktoren auf den Integrationsprozess ein, was diesen so komplex macht: das Subjekt mit seinen kulturellen und sozialen Kapitalien, dessen Familie, die inhaltlichen Konzepte und deren Vermittlung durch die Lehrer bzw. Trainer und die Klassengemeinschaft bzw. Mannschaft übernehmen allesamt bedeutende Rollen im Integrationsprozess eines Jugendlichen mit Migrationshintergrund. Nur wenn all diese Faktoren im Einklang sind und sich gegenseitig nicht hemmen, kann der Schul- bzw. Vereinssport für eine Integration von Schülern mit Migrationshintergrund förderlich sein. Nur dann entspricht der Terminus *Integration durch Sport* der Realität!

4 Untersuchungsdesign

Kann der (Schul-)Sport die Integration von Schülern mit Migrationshintergrund fördern?[48]

Um die dieser Untersuchung zugrundeliegende Frage zu beantworten, bedarf es eines speziellen Untersuchungsdesigns.

In diesem Kapitel werden zunächst die theoretischen Grundlagen des Forschungsdesigns dargelegt. Dabei werden die gewählten Methoden für die Datenerhebung und –auswertung der Untersuchung dargestellt und gleichzeitig begründet, weshalb sie sich für die Bearbeitung der Forschungsfrage eignen. Anschließend wird relativ detailliert erklärt wie die Untersuchung durchgeführt wurde.

4.1 Theoretische Grundlagen des Untersuchungsdesigns

4.1.1 *Quantitative Sozialforschung vs. Qualitative Sozialforschung*

Die empirische Forschung kennt unterschiedliche Wege, zu Erkenntnissen zu gelangen. Es lassen sich dabei zwei unterschiedliche Forschungsrichtungen unterscheiden: die *quantitative* und die *qualitativen Sozialforschung*.

Der Grundgedanke der *quantitativen Sozialforschung* ist, dass die Wahrnehmung der Welt ausschließlich über die menschlichen Sinne erfolgt. Demnach gibt es also keinen grundsätzlichen Unterschied zwischen natur- und geisteswissenschaftlicher Methodologie. Der Ansicht der Vertreter der Quantitativen Sozialforschung zufolge läuft das soziale Leben, entsprechend einem Naturvorgang, nach bestimmten Regelmäßigkeiten ab und der Forscher kann es von außen in seinem Ablauf beobachten und erklären (vgl. Lamnek, 2005, S. 32). Von dieser naturwissenschaftlichen Methodologie sollten sich die Sozialwissenschaften allerdings unterscheiden, weil „ihr Gegenstand nicht naturwissenschaftliche Objekte, sondern menschliche Subjekte sind" (ebd., S. 14). Jedoch behandelt die quantitative Sozialforschung durch die Verwendung standardisierter Forschungsmethoden wie beispielsweise geschlossene Fragebögen, Menschen als Objekte und als „pure Datenlieferanten" (ebd., S. 14).

---

[48] Inwiefern die bisherigen theoretischen Ausführungen, insbesondere der Forschungsstand hinsichtlich einer Integration durch (Schul-)Sport, zur Fragestellung führten, wurde in Kapitel 1.2 beschrieben.

Im Gegensatz hierzu stellt der Mensch für die *qualitative Sozialforschung* nicht nur ein Forschungsobjekt dar, sondern auch ein erkennendes Subjekt (vgl. ebd., S. 32). Flick, Kardorff und Steinke unterstreichen dies:

> „Qualitative Forschung hat den Anspruch, Lebenswelten ‚von innen heraus' aus der Sicht der handelnden Menschen zu beschreiben. Damit will sie zu einem besseren Verständnis sozialer Wirklichkeit beitragen" (2005, S. 14).

Zentral ist also nicht die Sicht des Forschers, sondern die Weltdeutung der Erforschten. Deshalb müssen die verwendeten Techniken so gewählt werden, dass das Subjekt „eigene Akzentsetzungen vornehmen und seine Deutung der Ereignisse entwickeln kann" (Gudjons, 2001, S. 68). Demzufolge beeinflusst das Subjekt maßgeblich den qualitativen Forschungsprozess, weshalb dieser prinzipiell offen gestaltet ist (vgl. ebd., S. 68).

Diese Subjektbezogenheit verankert Mayring auch in seinen *fünf Grundsätzen qualitativen Denkens* (vgl. 2002, S. 19 ff.). Um auf weitere zentrale Merkmale qualitativer Sozialforschung einzugehen, werden diese nun im Folgenden vorgestellt:

- *Subjektbezogenheit:* Der Gegenstand humanwissenschaftlicher Forschung sind immer Menschen als Subjekte. Die Subjekte sollen Ausgangspunkt und Ziel der Untersuchung sein (vgl. Mayring, 2002, S. 20).
- *Deskription:* Zu Beginn einer Analyse ist eine genaue und umfassende Beschreibung des Gegenstandsbereiches unabdingbar (vgl. ebd., S. 21).
- *Interpretation:* Aussagen und Handlungen von Menschen sind immer mit subjektiven Intentionen verbunden. Diese können für unterschiedliche Beobachter völlig andere Bedeutungen haben, weshalb diese erst durch Interpretationen erschlossen werden müssen. Besonders gilt dies für die Bereiche, in denen verbales Material (z.B. Interviews) analysiert werden soll. Demzufolge liegt der Forschungsgegenstand der Humanwissenschaften nie völlig offen, weshalb er immer auch durch Interpretationen erschlossen werden muss (vgl. ebd., S. 22).
- *Untersuchung in einer alltäglichen Umgebung:* Die Menschen als Subjekte müssen in ihrem natürlichen und alltäglichen Umfeld untersucht werden. Dadurch soll eine Verzerrung der Realität möglichst verringert werden (vgl. ebd., S. 22).

- *Verallgemeinerungsprozess:* Die Qualitative Forschung hat spezifische Probleme hinsichtlich der Verallgemeinerbarkeit von Ergebnissen, da sie oft mit sehr kleinen Fallzahlen arbeitet. Eine Verallgemeinerbarkeit der Forschungserbnisse muss in der qualitativen Forschung deshalb immer im speziellen Fall begründet werden. Aus diesem Grund sind die Anführung von Argumenten und die Begründungen, warum die Resultate auch für andere Situationen Gültigkeit besitzen, von großer Bedeutung. Zudem muss verdeutlicht werden, für welche bestimmten Situationen die Ergebnisse gelten (vgl. ebd., S. 24).

In dieser Untersuchung gehe ich der Frage nach, ob der (Schul-)Sport die Integration von Schülern mit Migrationshintergrund fördern kann. Dabei sollen die persönlichen Einstellungen, Erfahrungen und Wünsche der Schüler im Mittelpunkt stehen. Aus diesem Grund habe ich mich dazu entschlossen qualitative Forschungsmethoden zu verwenden, um die Forschungsfrage zu beantworten. Ein weiterer Grund für die Wahl qualitativer Methoden ist darin zu sehen, dass das Thema Integration durch Sport bisher kaum aus der Sicht von Jugendlichen mit Migrationshintergrund betrachtet worden ist.[49]

4.1.2 Methode der Datenerhebung

Es gibt eine Reihe von qualitativen Forschungsmethoden, um zu Erkenntnissen zu gelangen. In der qualitativen Forschung ist der verbale Zugang, das Gespräch, von großer Bedeutung. Hier haben die Subjekte die Möglichkeit, selber zur Sprache zu kommen und als Experten für ihre eigenen Bedeutungsinhalte zu agieren. Infolgedessen gibt es einige qualitative Interviewtechniken, die allesamt offen sind und eine qualitativ-interpretative Auswertung miteinschließen. Nur im Grad der Strukturiertheit unterscheiden sich die verschiedenen Interviews (vgl. Mayring, 2002, S. 66 f.).

Um Ergebnisse zu meiner Forschungsfrage zu erhalten, habe ich mich für die Wahl des halbstrukturierten *problemzentrierten Interviews* entschieden. Im Folgenden soll diese Interviewtechnik vorgestellt werden und begründet wer-

---

[49] Siehe hierzu Kapitel 3.5.

den, wieso diese geeignet ist, die Forschungsfrage meiner Untersuchung zu bearbeiten.

Das problemzentrierte Interview „lässt den Befragten möglichst frei zu Wort kommen, um einem offenen Gespräche nahe zu kommen" (Mayring, 2002, S. 67). Trotz dieser Offenheit ist das Interview zentriert auf eine bestimmte Problemstellung, die vom Interviewer eingeführt wird und die er immer wieder aufgreift. Der Interviewer hat die Aufgabe die Problemstellung bereits vor dem Interview zu analysieren. Dabei erarbeitet er bestimmte Aspekte, die in einem *Interviewleitfaden* zusammengestellt sind und im Verlauf des Gespräches von ihm aufgegriffen werden (vgl. ebd.). Der Leitfaden soll gewährleisten, dass alle forschungsrelevanten Themen im Rahmen des Interviews auch tatsächlich angesprochen werden. Zudem erleichtert die Verwendung eines Leitfadens die Vergleichbarkeit mehrerer Interviews, da das Material aus vielen Gesprächen auf die jeweiligen Leitfragen bezogen werden kann (vgl. u.a. Keim, 2003, S. 86; Schnell, Hill & Esser, 2011, S. 379; Mayring, 2002, S. 70). Der Interviewer sollte die Reihenfolge der Themenbearbeitung bzw. Fragestellung so wählen, dass der Ablauf des Gesprächs fließender Gestalt ist. Dies hat zur Folge, dass relativ hohe Anforderungen an den Interviewer gestellt werden und somit die Datenqualität von der Qualität des Interviewers abhängig ist (Schnell, Hill & Esser, 2011, S. 379 f.).

Die eigentliche *Interviewphase* besteht im Wesentlichen aus drei Teilen (vgl. Mayring, 2002, S. 70):

- *Sondierungsfragen:* Allgemein gehaltene Fragen zum Einstieg in das Thema. Hieraus soll erkennbar werden, welche subjektive Bedeutung das Thema für den Interviewten hat.
- *Leitfadenfragen:* Themenaspekte, die als elementare Fragestellungen im Leitfaden festgehalten sind.
- *Ad-hoc-Fragen:* Dieses sind Fragen, die spontan auf Aspekte formuliert werden, die nicht im Leitfaden vorhanden sind.

Obwohl der Leitfaden die Interviewten auf bestimmte Fragestellungen hinlenkt, sollen diese *offen* und ohne Antwortvorgaben auf die Fragen reagieren.

Dieses hat den besonderen Vorteil, dass die Befragten „ihre ganz subjektiven Perspektiven und Deutungen offen legen" können (Mayring, 2002, S. 68). Damit sich die Befragten dem Interviewer öffnen, bedarf es einer Vertrauensbeziehung zwischen den beiden Subjekten. Es ist von großer Bedeutung, dass sich der Interviewte ernst genommen und nicht ausspioniert fühlt. Dadurch ist er in der Regel auch ehrlicher, genauer und offener als bei einem Fragebogen oder anderen geschlossenen Umfragetechniken (vgl. ebd.).

Bei der Untersuchung der Fragestellung habe ich mich für *Interviews* entschieden, da die Sicht des Subjekts für mich der wesentliche Punkt meiner Untersuchung ist. Besonders durch Interviews können die Schüler mit Migrationshintergrund ihre persönlichen Einstellungen, Erfahrungen und Wünsche zu dem Thema Integration durch (Schul-) Sport äußern.

Das *problemzentrierte Interview* bietet sich für die Bearbeitung meiner Forschungsfrage besonders an, weil zum einen mit den Schülern ein möglichst offenes Gespräch geführt werden kann, so dass sie subjektive Meinungen äußern können. Zum anderen wird durch die Verwendung eines Leitfadens die Auswertung der verschiedenen Interviews stark erleichtert. Da ich zudem nicht einschätzen konnte inwieweit sich die Schüler bereits mit dem Thema Integration auseinandersetzten, dient der Leitfaden im Falle eines stockenden Gesprächs als eine gute Orientierung und erleichtert es dem Interviewer neue Anregungen zu geben.

4.1.3 Methode der Datenauswertung

Es gibt vielfältige Möglichkeiten das Material aus qualitativen Interviews auszuwerten.[50] Für die Auswertung der problemzentrierten Interviews habe ich für den Rahmen dieser Untersuchung eine *allgemeine Handlungsanweisung für die Auswertung qualitativer Interviews* von Lamnek (vgl. 2005, S. 402 ff.) ausgewählt. Ich halte diese Auswertungsform für sehr geeignet, da sie den Auswertungsprozess relativ einfach erscheinen lässt und zudem offen für gegenstands-

---

[50] Siehe zur Vertiefung von verschiedener Auswertungsmöglichkeiten u.a. Lamnek (2005) oder Flick, Kardorff und Steinke (2005).

adäquate Modifikationen ist. Anschließend werden die wesentlichsten Punkte dieses Auswertungsverfahrens dargestellt.[51]

Lamnek (vgl. ebd.) unterteilt seine interpretativ-reduktive[52] Auswertungsmethode in vier Phasen:

(1) *Transkription:* Diese erste Phase ist eher technischer Natur, jedoch ist sie unentbehrlich für die weiteren Analyseschritte.
Hier wird das häufig umfangreiche Material, das im Original auf Ton- oder Videoband vorliegt, durch Abtippen in eine lesbare Form gebracht. Hierbei ist zu beachten, dass nicht nur die gesprochenen Sätze transkribiert werden, sondern auch nonverbale Aspekte des Gespräches im Transkript festgehalten werden. Hierzu gehören beispielsweise kürzere oder längere Pausen, Lachen, Räuspern oder ähnliches, die für die Interpretation der Interviews von großer Bedeutung sein können (vgl. ebd., S. 403).

(2) *Einzelanalyse:* Nach der Transkription beginnt man in der zweiten Phase mit der Analyse der einzelnen Interviews, die eine Konzentration des Materials zur Folge haben soll.
Zunächst werden die für die Beantwortung der Forschungsfrage relevanten Textteile im Transkript hervorgehoben und die Nebensächlichkeiten entfernt. Im nächsten Schritt werden nur noch „die wichtigsten Passagen berücksichtigt und einer inhaltsanalytischen Auswertung unterzogen" (Lamnek, 2005, S. 403). Diese Textstellen werden dem Transkript entnommen, so dass ein gekürzter und konzentrierter Text entsteht. Dieser neue Text wird anschließend vom Forscher kommentiert und bewertet, was in einer ersten Charakterisierung des jeweiligen Interviews mündet. Als Ergebnis der Einzelfallanalyse erstellt man in einem letzten Schritt eine Charakteristik des jeweiligen Interviews, indem die wörtlichen Passagen des Interviews bzw. sinngemäßen Antworten mit den Wertungen, Beurteilungen und Interpretationen des Forschers verknüpft werden. Dabei sollen die Besonderheiten und das Allgemeingültige des Interviews herausgearbeitet werden (vgl. ebd., S. 403 f.).

---

[51] Das Auswertungsverfahren von Lamnek wird an dieser Stelle in gekürzter Form wiedergegeben, indem nur die elementarsten Aspekte des Verfahrens vorgestellt werden.
[52] „Interpretativ-reduktiv" bedeutet in diesem Zusammenhang, dass das Material der qualitativen Interviews im Verlauf der Auswertung ständig verringert wird (vgl. Lamnek, 2005, S. 404).

(3) Generalisierende Analyse: Um zu allgemeineren Ergebnissen zu gelangen, wirft man in der dritten Phase der Auswertung den Blick über das einzelne Interview hinaus.

Der Forscher sucht in dieser Phase nach Gemeinsamkeiten, aber auch nach Unterschieden, die in allen oder einigen Interviews vorgekommen sind. Diese Gemeinsamkeiten und Unterschiede „ergeben bei weiterer Analyse möglicherweise Syndrome oder Grundtendenzen, die für einige oder alle Befragten typisch erscheinen" (ebd., S. 404).

(4) Kontrollphase: Aufgrund der Tatsache, dass die Auswertung der Interviewtranskripte reduktiv angelegt war, sind Fehlinterpretationen nicht auszuschließen. Deshalb ist es sinnvoll nochmals das vollständige Transkript durchzugehen und mit den bisherigen Ergebnissen zu vergleichen.

4.2 Durchführung der Untersuchung

4.2.1 Erstellung des Interviewleitfadens

Obwohl problemzentrierte Interviews ein relativ offenes Gespräch gewährleisten sollen, umfasst mein Interviewleitfaden[53] relativ viele Fragen. Dies liegt daran, dass ich nicht einschätzen konnte, inwieweit sich die Schüler mit Migrationshintergrund mit dem Thema Integration bereits auseinandersetzten. Um dennoch ein offenes Gespräch zu generieren, habe ich während dem Interview versucht den Schülern genügend Freiraum zu lassen, damit sie von sich berichten konnten. Infolgedessen habe ich mich nicht verkrampft an die von mir erstellte Reihenfolge der Fragen gehalten.

Der Anfang des Leitfadens besteht aus Sondierungsfragen, durch die festgestellt werden soll, welche subjektive Bedeutung das Thema Integration für die Befragten hat und welche Rolle der Migrationshintergrund in ihrem Leben einnimmt. Daran schließen sich die Leitfragen an. Bevor allerdings die Leitfragen formuliert wurden, überlegte ich mir zunächst *neun Fragekategorien.*[54] Die Kategorien habe ich auf Grundlage meiner *Forschungsfrage* und der Bearbei-

---

[53] Der Interviewleitfaden ist im Anhang 1 zu finden.
[54] Die Einteilung der Leitfragen in Kategorien hat den Vorteil, dass die spätere Auswertung sowie das Vergleichen der Interviews erleichtert werden.

tung der *Literatur über Integration und Integration durch (Schul-)Sport* erstellt.

Nachfolgend werden die neun Fragekategorien alphabetisch geordnet vorgestellt und zudem erklärt, was hinsichtlich der Fragestellung durch die einzelnen Kategorien herausgefunden werden soll:

- *Akzeptanz der Regeln*: Sind die Schüler mit Migrationshintergrund mit den Regeln im Vereinssport einverstanden und akzeptieren diese? Wird durch den Vereinssport die Akzeptanz der Regeln geschult?
- *Akzeptanz und Anerkennung*: Bilden sich bei den Schülern mit Migrationshin-tergrund durch den Vereinssport Gefühle der Akzeptanz und Anerkennung?
- *Freundschaftsnetzwerke*: Haben die Schüler mit Migrationshintergrund durch den (Schul-)Sport (deutsche) Freunde gefunden?
- *Integration*: Was denken die Schüler mit Migrationshintergrund über das Thema Integration? Was bedeutet für sie Integration? Fühlen sie sich integriert?
- *Integration durch (Schul-)Sport*: Glauben die Schüler mit Migrationshinter-grund, mit Blick auf ihren eigenen Integrationsprozess, dass (Schul-)Sport die Integration fördern kann?
- *Interkulturelles Lernen*: Bauen sich die Schüler mit Migrationshintergrund durch den (Schul-)Sport Kenntnisse über andere Kulturen auf?
- *Menschen mit Migrationshintergrund im Sportverein*: Wünschen sich die Schüler mit Migrationshintergrund mehr Menschen mit Migrationshintergrund in der Vereinsorganisation?
- *Sprache*: Fördert der Vereinssport die Sprachkompetenzen der Schüler mit Migrationshintergrund?
- *Werte und Normen:* Eignen sich die Schüler mit Migrationshintergrund durch den Vereinssport Normen und Werte der Aufnahmegesellschaft an?

Die Kategorien *Integration, Integration durch (Schul-)Sport* und *Menschen mit Migrationshintergrund im Sportverein* eignen sich besonders dafür, die persönlichen Einstellungen, Erfahrungen und Wünsche der Schüler zum Thema zu erfassen.

In der Literatur wird dem Sport das Potenzial zugeschrieben die *restlichen Kategorien* hinsichtlich einer Integration von Jugendlichen mit Migrationshintergrund fördern zu können. Durch diese Kategorien soll also herausgefunden werden, ob der (Schul-)Sport die Integration der Schüler mit Migrationshintergrund tatsächlich fördern kann. Entspricht es der Realität oder ist es doch nur ein Mythos? Hierbei nehmen die Kategorien *Freundschaftsnetzwerke*, *Sprache* und *Akzeptanz und Anerkennung* den größten Stellenwert ein, da diese besonders wichtig für eine erfolgreiche Integration sind.[55]

An dieser Stelle darf nicht unerwähnt bleiben, dass der Schwerpunkt des Leitfadens auf den Vereinssport und dessen Einfluss auf die Integration gelegt wurde. Als zentralen Grund dafür ist zu nennen, dass es eine zu große und zu aufwendige Aufgabe wäre, Schüler mit Migrationshintergrund zu finden, die sowohl in einer Sport-AG als auch in einem Sportverein aktiv sind.[56] Ein weiterer Grund ist darin zu sehen, dass der Leitfaden einen zu großen Umfang hätte, wenn in jeder Kategorie auch der Schulsport berücksichtigt werden würde. Infolgedessen wird der Schulsport nur in den Kategorien *Akzeptanz und Anerkennung*, *Interkulturelles Lernen*, *Integration durch (Schul-)Sport* und *Freundschaftsnetzwerke* berücksichtigt, da ihm in diesen Kategorien besonders großes Potenzial von der Wissenschaft zugeschrieben wird.

4.2.2 Auswahl der Interviewpartner

Da diese Untersuchung der Frage nachgeht, ob der (Schul-)Sport die Integration von Schülern mit Migrationshintergrund der Sekundarstufe I fördern kann, sollten die Interviewpartner einen *Migrationshintergrund* haben, *die Sekundarstufe I einer Schule besuchen* und *in einem Sportverein Mitglied sein*. Ich habe mich zudem dazu entschieden *nur männliche Jugendliche* zu befragen. Dies ergab sich aus meiner Annahme, dass die Integration von Jungen und Mädchen von unterschiedlichen Faktoren beeinflusst wird. Ein weiterer Grund dafür war, dass hinsichtlich einer Integration durch (Schul-)Sport bisher ausschließlich Studien zu Mädchen und jungen Frauen vorhanden ist. Männliche Jugendliche

---

[55] Siehe hierzu Kapitel 2.2.3.
[56] Aus diesem Grund kann die Sport-AG und deren Auswirkungen auf den Integrationsprozess nicht untersucht werden. Aufgrund dessen ist nachfolgend mit dem Terminus *Schulsport* nur noch der *Sportunterricht* gemeint.

kamen zu diesem Thema bisher nicht zu Wort und wurden vernachlässigt. Weil nur ein Geschlecht untersucht wird, ist zudem eine bessere Vergleichbarkeit der Ergebnisse gewährleistet. Desweiteren sollte die *Zahl der Interviewpartner* nicht mehr als *vier* betragen. Aufgrund der Tatsache, dass der Interviewleitfaden einen großen Umfang hat und relativ viele Aspekte der Integration anspricht, können im Rahmen dieser Untersuchung nicht mehr als die genannte Anzahl von Interviews durchgeführt und ausgewertet werden.

Mit diesen Merkmalen machte ich mich auf die Suche nach geeigneten Interviewpartnern, die sich als einfacher als erwartet herausstellte.
Die Suche in der Schule habe ich von vornherein ausgeschlossen, da man hier zunächst die Schulleitung, die Lehrer und schließlich die Schüler und deren Eltern um Erlaubnis bitten muss ein Interview durchzuführen. Um diesem Aufwand zu entgehen, suchte ich in einem Sportverein nach passenden Probanden.
Die Interviewpartner sollten in der gleichen Mannschaft spielen, so dass eine gute Vergleichbarkeit der Ergebnisse gewährleistet ist. Da ich selber in einem Fußballverein[57] im Kreis Esslingen a.N. aktiv bin und eine gute Verbindung zu dem Trainer der B-Jugendmannschaft[58] habe, stellte ich diesen Spielern[59] meine Untersuchung vor. Nachdem ich meine Untersuchung vorgestellt hatte, teilte ich eine Liste aus, in die sich Spieler mit Migrationshintergrund eintragen konnten, die interessiert waren an einem Interview teilzunehmen. Mir war es wichtig, dass die Jugendlichen freiwillig an einem Interview teilnehmen möchten, da somit garantiert ist, dass sie das Thema auch interessiert. Es trugen sich erfreulicherweise gleich sechs Spieler in die Liste ein.
Ich bat den Trainer mir aus der Liste vier Spieler als Interviewpartner zu empfehlen. Dabei sollte er mir, soweit er es beurteilen konnte, zwei Jugendliche nennen, von denen er glaubt, dass sie Probleme mit der Integration in Deutschland haben. Die anderen beiden sollten im Gegensatz dazu, kaum Probleme mit dem Leben in Deutschland haben. Hierdurch wollte ich erreichen, dass die Ergebnisse möglichst interessant und kontrovers ausfallen.

---

[57] Der Verein wird im Folgenden *TV Musterstadt* genannt, um die Identität der Jugendlichen zu schützen.
[58] Die Mannschaft spielt in der Bezirksklasse und hat einen Kader von 18 Spielern. Davon haben 10 Spieler einen Migrationshintergrund. Das Trainergespann besteht aus zwei Trainern, die beide ihre Wurzeln in Griechenland haben.
[59] Spieler der B-Jugend eignen sich besonders als Interviewpartner, da sie zwischen 15 und 16 Jahren alt sind und in der Regel die Sekundarstufe I einer Schule besuchen.

In Folge meiner Bitte empfahl mir der Trainer der Mannschaft vier Jugendliche aus der Liste für die Wahl als Interviewpartner[60]. Mit diesen vier Spielern (siehe Tabelle 3)[61] konnte ich dann relativ zügig Interviewtermine ausmachen.

Name	Alter	Herkunftsland	Schule / Klasse
Rafael (R)	15	Griechenland	Realschule / 9
Petrit (P)	16	Kosovo	Realschule / 9
Edin (E)	15	Bosnien- Herzegowina	Gymnasium / 9
Sirak (S)	16	Eritrea/ Kroatien	Gymnasium / 9

Tab. 3. *Die Interviewteilnehmer der Untersuchung.*

4.2.3 Durchführung der Interviews

Die Interviews, die mit Hilfe eines Aufnahmegeräts aufgenommen wurden, fanden auf Wunsch der Jugendlichen allesamt in deren Wohnungen statt. Somit befanden sie sich in einer gewohnten Umgebung und fühlten sich während des Gesprächs wohl. Um ein Vertrauensverhältnis zwischen mir und den Interviewpartnern aufzubauen, sprach ich mit den Jugendlichen zu Beginn über die vergangenen Fußballspiele ihrer Mannschaft. Außerdem stellte ich mich den Interviewpartnern vertiefender vor und teilte ihnen mit, dass ich ebenfalls einen Migrationshintergrund habe. Damit wollte ich erreichen, dass sich die Jugendlichen von mir nicht ausgehorcht fühlen. Um mehr über das private Leben der Jugendlichen zu erfahren, stellte ich ihnen vor der Aufnahme der Interviews Fragen zu ihrem persönlichen Lebenslauf (Schullaufbahn, Familie, usw.). Diese Fakten wurden von mir auf einem Zettel festgehalten. Bei manchen Interviews klappte diese Trennung nicht, so dass die Schüler während der Aufnahme aus ihrem Leben erzählten.

Ich war sehr überrascht wie offen und engagiert die Jugendlichen an den Interviews teilnahmen. Meine Bedenken, dass die Schüler vielleicht wenig über das Thema Integration wissen, bestätigte sich nicht. Denn die Jugendlichen machten den Anschein, dass sie sich bereits häufiger mit diesem Thema auseinan-

---

[60] Nach Meinung des Trainers haben die Jugendlichen Rafael und Petrit Probleme mit der Integration in die deutsche Gesellschaft. Edin und Sirak haben sich seiner Ansicht nach hier gut eingelebt.
[61] Die Namen der Jugendlichen mit Migrationshintergrund wurden von mir aus Anonymitätsgründen geändert.

dergesetzt haben. Die Länge der einzelnen Interviews schwankte zwischen 35 bis 40 Minuten.

4.2.4 Auswertung der Interviews

Im Anschluss an die Interviews habe ich das Tonmaterial *transkribiert*, um die Daten der Interviews aufzubereiten. Da bei den Interviews die inhaltliche Ebene im Vordergrund steht, habe ich mich dazu entschieden die Aussagen der Jugendlichen in normales Schriftdeutsch zu übertragen (vgl. dazu Mayring 2002, S. 90). Allerdings wurde der Satzbau der Jugendlichen nicht verändert, damit deren Sprachniveau aus den Transkripten ersichtlich werden kann. Bei der Transkription habe ich mich auf wenige, aber meiner Meinung nach bedeutende Transkriptionsregeln[62] gehalten. Die verwendeten Transkriptionszeichen können von großer Bedeutung für die Interpretation der Interviews sein. Durch die geringe Anzahl der Transkriptionsregeln sollte die Lesbarkeit der transkribierten Interviews nicht eingeschränkt werden. Die verwendeten Transkriptionszeichen und deren Bedeutung werden in folgender Tabelle dargestellt:

Transkriptionszeichen	Bedeutung
(.), (..), (...)	Pause je nach Länge: (.) ca. 2 Sek., (..) weniger als 5 Sek., (...) mehr als 5 Sek.
(lacht), (Schnell)	Charakterisierung von nichtsprachlichen Vorgängen bzw. Sprechweisen
XXX	Anonymisierte Namens- oder Ortsangabe
[Ergänzungen zum Inhalt]	Für das Verständnis des Kontextes relevante Erklärungen
[thematisch irrelevanter Exkurs]	Thematisch irrelevante Exkurse, die nicht transkribiert wurden
/,	plötzlicher Satzabbruch

Tab. 4. *Verwendete Transkriptionszeichen und deren Bedeutung.*

---

[62] Dabei übernahm ich einerseits Regeln von Mayring (vgl. 2002, S. 92), andererseits erstellte ich selbständig Regeln für die Transkription.

Die Abschrift der Interviews erfolgte jeweils in ein Word-Dokument mit Zeilennummerierung, um in der späteren Ergebnisdarstellung genaue Quellenangaben machen zu können.

Im Anschluss an die Transkription habe ich gemäß Lamnek (vgl. 2005, S. 102 f.) jedes Interview im *Einzelfall* analysiert. Diese Einzelfallanalyse teilte ich in eine *Deskription* und eine *Interpretation* der Interviews auf.

Im Zuge dieser Vorgehensweise habe ich zunächst die *Biographien* der Jugendlichen je einzeln zusammengefasst. Dabei wurden u.a. die Schul- und Vereinslaufbahn, das Elternhaus und die Migrationsgründe berücksichtigt. Durch die Darstellung der einzelnen Lebensläufe, können Einblicke in das Leben der Jugendliche gewonnen werden, was zu einem besseren Verständnis ihrer Aussagen über Integration beitragen kann. Zudem wurde an dieser Stelle auch auf die Interaktion im Rahmen des Interviews eingegangen, indem besondere Verhaltensweisen der Schüler dargelegt wurden, die mir während dem Interview aufgefallen sind.

Anschließend wurden die Interviews anhand eines Kategoriensystems ausgewertet. Die Kategorien entsprechen dabei den bereits vorgestellten Fragekategorien des Leitfadens. Bei der Auswertung wurden die zentralsten Aussagen der Jugendlichen aus jeder Kategorie beschrieben und an ausgewählten Stellen mit meinen Deutungen und Wertungen verknüpft (*Deskription*)[63]. Ich stellte die Aussagen der Schüler bewusst anhand von zahlreichen Zitaten dar, um einer subjektiven Perspektive auf das Thema Integration durch (Schul-)Sport gerecht zu werden. Durch das Kategoriensystem konnten die persönlichen Einstellungen, Erfahrungen und Wünsche der Schüler zum Thema Integration durch (Schul-)Sport geeignet beschrieben werden. Zudem gewährleistete es eine bessere Vergleichbarkeit der Ergebnisse.

Zum Schluss der Einzelanalyse habe ich dann jeden Fall einzeln, nach den vier Dimensionen der Integration (nach Esser) interpretiert und ausgewertet (*Interpretation*). Bei der Interpretation halfen die Kategorien des Leitfadens, die je-

---

[63] Eine Deskription ist laut Definition frei von Deutungen und Wertungen. Dennoch benutze ich im Rahmen dieser Arbeit für die Beschreibung der Aussagen der Jugendlichen sowie für deren Deutungen und Wertungen den Begriff der Deskription. Als Grund hierfür ist zu nennen, dass ich nur sehr wenige Deutungen und Wertungen in die Deskription mit einfließen ließ. Nur an Stellen, bei denen die persönlichen Einstellungen zum Thema Integration zum Vorschein kamen, wurden von mir Deutungen vorgenommen. Die Interpretation der Aussagen hinsichtlich einer Förderung der Integration durch (Schul-)Sport folgt an einer späteren Stelle.

weils einer Integrationsdimension zugeordnet werden konnten (siehe Tabelle 5).

Integrationsdimension nach Esser	Leitfadenkategorie
Identifikation	Integration, Integration durch Sport, Menschen mit Migrationshintergrund im Vereinssport
Interaktion	Freundschaftsnetzwerke
Kulturation	Sprache, Interkulturelles Lernen, Werte und Normen, Akzeptanz der Regeln
Plazierung	Anerkennung und Akzeptanz

Tab. 5. *Der Zusammenhang zwischen den vier Dimensionen sozialer Integration nach Esser und den Leitfadenkategorien.*

In diesem Schritt fasste ich die Äußerungen der Schüler mit Migrationshintergrund mit Hilfe der jeweiligen Kategorien zusammen. Daraus versuchte ich zu deuten, welchen Einfluss der (Schul-)Sport auf die Förderung der Integrationsdimensionen[64] bei den einzelnen Subjekten hatte bzw. hat. Dadurch sollte dargestellt werden, welche Dimensionen bei den einzelnen Schülern durch den (Schul-)Sport gefördert werden konnten. Dabei erlaubte ich mir kein Urteil darüber, ob die Jugendlichen integriert sind oder nicht. Integration ist ein Subjektprozess und daher kann nur das Subjekt selbst entscheiden, ob es sich integriert fühlt oder nicht. Ich habe im Rahmen meiner Möglichkeiten daher nur versucht zu deuten, inwieweit der (Schul-)Sport die verschiedenen Integrationsdimensionen der Jugendlichen fördern konnte bzw. kann.

Abschließend folgte eine *generalisierende Analyse* der Interviews. Dabei blickte ich über die einzelnen Interviews hinaus, um zu allgemeineren Ergebnissen zu gelangen. Ich fasste in diesem letzten Schritt die Ergebnisse der vier Interviews zusammen und zeigte deren Gemeinsamkeiten und Unterschiede auf. In diesem letzten Schritt wurde auch diskutiert, ob und wenn ja unter welchen

---

[64] Da die Integrationsdimension der Plazierung relativ komplex ist, soll an dieser Stelle geklärt werden, wie diese zur Auswertung der Interviews verwendet wird. Es wird hier der Frage nachgegangen, ob die Schüler durch den (Schul-)Sport Eigenschaften (z.B. Anerkennungsgefühl, Selbstbewusstsein) erwerben, die Einfluss auf das Finden einer Arbeitsstelle haben. Die weiteren Integrationsdimensionen werden zur Auswertung der Interviews verwendet, wie sie in Kapitel 2.2.3 beschrieben werden.

Umständen die Integration von Schülern mit Migrationshintergrund durch (Schul-)Sport gefördert werden kann.

5 Darstellung und Interpretation der Ergebnisse

5.1 Rafael

5.1.1 Kurzlebenslauf und Interaktion

Rafael ist zum Zeitpunkt des Interviews 15 Jahre alt und besucht seit diesem Schuljahr eine neunte Klasse einer Realschule im Kreis Esslingen. Rafael ist Teil einer Sportprofilklasse, die pro Woche fünf Unterrichtsstunden Sport hat. Davor war er bis zur achten Klasse auf einem Gymnasium, das er aufgrund schlechter Noten verlassen musste. Nach dem Schulabschluss möchte er auf eine weiterführende Schule gehen und anschließend eine Ausbildung zum Physiotherapeut beginnen.

Wie auch seine Eltern ist Rafael in Deutschland geboren. Während seine Mutter in Griechenland aufgewachsen ist, lebt sein Vater schon immer in Deutschland. Rafaels Großvater seitens des Vaters ist als Gastarbeiter in den 1960er Jahren nach Deutschland gekommen und zog seine Familie nach. Auch die Eltern seiner Mutter waren als Gastarbeiter in Deutschland tätig, zogen jedoch nach dem Arbeitsdienst zurück nach Griechenland. Erst vor etwa 20 Jahren zog Rafaels Mutter zurück nach Deutschland. Somit könnte man Rafael als Migrant der dritten Generation titulieren. Der Vater arbeitet als Industriemechaniker, während die Mutter als Hausfrau tätig ist. Rafael hat eine Schwester, die 13 Jahre alt ist und ebenfalls die Realschule besucht. Die vierköpfige Familie wohnt in einer 3-Zimmer-Wohnung in einer Vorstadt. Rafael teilt daher ein Zimmer mit seiner jüngeren Schwester.

Rafael spielt in der B-Jugend des TV Musterstadt. Er spielt seit fünf Jahren in dem Verein und nimmt dort die Position des Torwarts ein. Er ist zudem der Kapitän der Mannschaft. Davor spielte er noch für einen weiteren Sportverein.

Rafael war mir gegenüber sehr höflich und siezte mich als Einziger der interviewten Schüler. Während des gesamten Interviews machte Rafael einen eher schüchternen und zurückhaltenden Eindruck, was sich in seinen relativ kurzen Antworten widerspiegelt. Dennoch sprach Rafael sehr offen über sich und das Thema Integration.

5.1.2 Deskription

- *Integration*

Integration bedeutet für Rafael, dass

> „man sich anpasst, zum Beispiel an die Regeln. Wenn man aus einem anderen Land kommt, man passt sich an die Regeln an, an die Lebensweise und ähm, man integriert sich in das Land, dass man wie Einer von dem Land ist. Zum Beispiel, ich komme aus Griechenland und ich integriere mich auf die deutsche Kultur und versuche, naja wie ein normaler Deutscher zu leben und zu sein" (Interview Rafael, Zeile 67-71).

Diese Aussagen über sein Integrationsverständnis zeigen, dass er die Eingliederung in die Gesellschaft größtenteils im Sinne einer Assimilation versteht. Demnach geht Rafael von einer einseitigen Anpassung der Menschen mit Migrationshintergrund an die Aufnahmegesellschaft aus. Er nimmt die Aufnahmegesellschaft nicht in die Pflicht, die Menschen mit Migrationshintergrund bei deren Integration zu unterstützen.

Für eine gelingende Integration ist seiner Meinung nach die Beherrschung der Sprache des Aufnahmelandes von zentraler Bedeutung:

> „Die Sprache ist sehr wichtig erst mal. Dass man die Sprache auch spricht find ich also Deutsch und ja, da merkt man auch, dass man sich integriert hat" (IR, Z. 76-77).

Rafael fühlt sich in die deutsche Gesellschaft integriert und nennt bei der Begründung für seine Integration neben der Sprache auch die Notwendigkeit von Freunden: „Deutsch kann ich (.) ähm (.) ich hab auch viele deutsche Freunde und gehe mit denen raus, hab Spaß" (IR, Z. 85-86).

Er fühlt sich zudem in Deutschland sehr wohl und machte bisher auch keine Erfahrungen mit Diskriminierungen: „Sehr wohl, ja. Genau auch dazugehörig. Ich hab auch keine Probleme mit irgendjemanden, der sagt ‚Du gehörst nicht hier hin' oder so" (IR, Z. 90-91).

Ihm ist wichtig, dass die Menschen der Aufnahmegesellschaft wahr nehmen, dass er sich integrieren möchte:

> „Also wenn dann die anderen [er meint hier die Menschen der Aufnahmegesellschaft, M.B.] sehen, ‚der versucht sich zu integrieren', dann akzeptiert man ihn auch und man fühlt sich dann auch besser in dem Land. Und wohler natürlich" (IR, Z. 456-459).

Obwohl Rafael in Deutschland geboren wurde und nur nach Griechenland geht, um Urlaub zu machen, fühlt er sich als Grieche:

> „ [...] ich sehe mich immer noch als Grieche, auch wenn ich ein bisschen Deutscher rüber komme [...] Ich lebe zwar hier und alles, aber in mir bin ich ein Grieche" (IR, Z. 431-432, 441).

- *Freundschaftsnetzwerke*

Rafaels Freundeskreis besteht aus Griechen, Italienern und „vielen Deutschen" (IR, Z. 111-112). Besonders durch den Sportverein hat er seine Freunde kennengelernt, woraus auch eine Clique entstanden ist:

> „Ich verstehe mich mit allen super, sind tolle Jungs. Macht auch Spaß mit denen auf dem Fußballfeld und neben dem Fußballfeld mit denen zu sein. Wir treffen uns ja auch außerhalb des Fußballfelds" (IR, Z. 176-178).

Er betont aber, dass der Kontakt zu den Mannschaftkameraden abnimmt, wenn man sich nicht mehr so häufig sieht, was beispielsweise in der spielfreien Zeit der Fall ist:

> „Also, Freunde sind wir auf jeden Fall. Man schreibt sich auch oft in Facebook zum Beispiel oder wenn man sich mal draußen sieht. Man trifft sich manchmal und die Freundschaft besteht schon, aber wenn man sich zum Beispiel nicht so oft sieht, dann vergisst man sich auch langsam. Das ist normal eigentlich" (IR, Z. 161-164).

Auch durch den Schulsport lernte Rafael Freunde kennen:

> „Auf jeden Fall, da kommt man sich auch ein bisschen näher, zum Beispiel, wenn man in einer Mannschaft spielt und man motiviert sich auch gegenseitig und da kommt einem erst klar wie der [ein anderer Schüler, M.B.] eigentlich ist zum Beispiel. Also der ist cool, der ist immer gut drauf und der kann auch gut kicken zum Beispiel. Da lernt man sich besser kennen" (IR, Z. 308-312).

Da Rafael im Sommer neu in die Klasse kam, ist es für ihn besonders wichtig Anschluss zu finden. Er äußert, dass sich der Sportunterricht besonders eignet, um die Mitschüler kennenzulernen:

> „Ich bin ja seit einem Jahr auf der Schule, also ziemlich neu und auch der Schulsport, da wir mit den anderen Klassen gemischt Sport haben, hilft auch, dass wir die anderen besser kennenlernen. In Mathe zum Beispiel kann man nicht mit denen reden. Durch Sport klappt das schon besser" (IR, Z. 320-323).

- *Sprache*

Rafael spricht mit seinen Eltern überwiegend griechisch. Mit seiner Mutter versucht er jedoch häufiger deutsch zu sprechen, da sie mit der deutschen Sprache noch Probleme hat (vgl. IR, Z. 117-119). Im Sportverein spricht er natürlich deutsch (vgl. IR, Z. 135-136). Mit seinen griechischen Freunden kommuniziert er in einer Mischung aus griechisch und deutsch (vgl. IR, Z. 129-130).

Rafael ist aufgefallen, dass er besser deutsch spricht, wenn er mit seinen deutschen Freunden im Gespräch ist:

> „Man versucht sich besser auszudrücken und eigentlich auch, dass man sieht ‚Guck her, ich komm aus einem anderen Land, ich kann die Sprache auch' (..)" (IR, Z. 146-148).

Dadurch kommt wieder zum Ausdruck, dass es ihm sehr wichtig ist, was die Menschen der Aufnahmegesellschaft über ihn denken. Er möchte nicht als ein integrationsunwilliger Jugendlicher mit Migrationshintergrund gelten.

Rafael ist zudem wichtig, dass er neben der deutschen auch die griechische Sprache beherrscht:

> „Ich will ja auch meine griechische Sprache sozusagen nicht vergessen und das hilft schon wenn ich ein bisschen griechisch zu reden, aber wir reden auch deutsch zu Hause" (IR, Z. 123-124).

Durch den Willen die griechische Sprache zu beherrschen, zeigt Rafael, dass er sich nicht einzig die deutsche Kultur übernehmen möchte. Vielmehr will er auch seine kulturellen Wurzeln wahren. Insofern agiert er in seinem Integrationsprozess nicht komplett in dem Sinne, wie er es in seiner Definition von Integration beschrieben hat.

- *Anerkennung und Akzeptanz*

Rafael fühlt sich sowohl in der Schule, als auch im Sportverein von den Lehrern bzw. Trainern und Mitschülern bzw. Mitspielern akzeptiert und anerkannt. Besonders im Verein fühlt er sich wohl: „Auf jeden Fall. Es sind alle übelst nett und alle auch gut drauf find ich und helfen einem auch, wenn irgendwas ist" (IR, Z. 252-253).

Er nimmt in seiner Mannschaft als Kapitän eine wichtige Rolle ein und versucht diese so gut wie möglich auszuführen:

> „Also, ich versuche die Mannschaft immer zu motivieren, auch vor und im Platz, auch in der Kabine. Und auch immer Anweisungen zu geben. Ich versuche immer Anführer zu sein, also soweit es geht" (IR, Z. 346-348).

Seine führende Rolle im Sport und die Anerkennung, die er dort erhält, versucht er auch auf andere Lebensbereiche wie beispielsweise die Schule zu übertragen:

„In der Schule helfe ich auch. Also meinen Freunden zum Beispiel, ich motiviere die auch immer vor einer Arbeit" (Z. 352-353). Für Rafael ist zudem klar, dass der Sport eine wichtige Rolle im Leben eines Jugendlichen spielen kann und dieser auch Auswirkungen auf die Schule haben kann:

> „Ja, finde ich schon. Also das Selbstvertrauen steigt auch, wenn man sportliche Erfolge feiern kann und ich finde es schon /, Sport ist, finde ich, sehr wichtig für Jugendliche vor allem. Das man auch in der Schule besser ist [...] zum Beispiel wenn ich jetzt am Sonntag ein Turnier hatte und wir haben nicht gut abgeschnitten und dann gehe ich am Montag in die Schule, dann sag ich ‚Oh, was war das jetzt?'. Dann gehe ich mit weniger Lust an die Sache. Wenn wir zum Beispiel Erster wurden und dann bin ich super gelaunt und mach auch mit. Ich finde das sehr wichtig" (IR, Z. 356-359, 376-380).

Rafael konstatiert, dass er sich durch die Teilnahme am Sport wohler in Deutschland fühlt:

> „Ich hab ja durch den Sport meine Freunde kennengelernt und alles. Ohne den Sport wäre eigentlich viel anders gelaufen in meinem Leben. Ich mach ja schon seit zehn, elf Jahren Sport und (.)" (IR, Z. 415-417).

- *Menschen mit Migrationshintergrund im Sportverein*

Für Rafael ist es irrelevant, ob Menschen mit oder ohne Migrationshintergrund in der Vereinsorganisation vorhanden sind: „Mir ist das eigentlich egal. Ich komme mit allen klar und ich sehe da eigentlich keinen Unterschied" (IR, Z. 207-208). Allerdings erwähnt er, dass es schon besser sei, wenn zumindest wenige Deutsche in der Organisation präsent sind. Diese Meinung folgt aus der Erfahrung, die er in einem Verein machte, in der sowohl seine Mannschaft als auch die Vereinsorganisation ausschließlich aus Menschen mit Migrationshintergrund bestand. Seiner Meinung nach fehlte dort ohne deutsche Beteiligung die Disziplin:

> „ [...] in meinem alten Verein habe ich mich nicht so wohl gefühlt, nur mit Ausländern zum Beispiel. Ich finde es immer wichtig, wenn auch ein Deutscher dabei ist und der auch ein bisschen zeigt wie es hier so läuft. Die sind auch mehr auf Disziplin /, legen halt mehr Wert darauf" (IR, Z. 475-478).

- *Werte und Normen*

Rafael ist der Ansicht, dass er sich durch den Vereinssport typisch deutsche Werte und Normen angeeignete. Als Beispiel nennt er hier die Fairness, die seiner Meinung nach typisch Deutsch ist. Desweiteren deutet er an, dass diese Werte auch außerhalb des Sports wichtig sind:

> „Fair Play spielt immer erste Rolle find ich. Man sieht ja auch oft im Fernsehen die deutsche Nationalmannschaft immer Fair Play. Ich find das auch sehr gut. Also habe ich mir auch von den Deutschen sozusagen abgeguckt und ich versuche das jetzt auch zu machen. Das ist sehr wichtig im Sport und auch woanders im Leben. Weil die Griechen sind immer so emotional und dann auch mal aggressiv (lacht)" (IR, Z. 226-230).

Neben der Fairness nennt er auch die Disziplin als etwas typisch Deutsches (vgl. IR, Z. 222). Zudem äußert Rafael, dass er durch den Vereinssport sogar ein Stück weit „deutscher" geworden ist (vgl. IR, Z. 234).

- *Akzeptanz der Regeln*

Rafael akzeptiert die Regeln im Sportverein, jedoch würde er etwas ändern wollen: „Ja, die Regeln sind schon okay, aber ein paar Sachen sind immer zu ändern find ich" (IR, Z. 262). Allerdings hängt dies nicht mit den vorherrschenden Regeln des Vereins, sondern mit der Persönlichkeit seines Trainers zusammen, den er als zu streng empfindet: „Zum Beispiel übertreibt er es ein bisschen mit seiner Disziplin zum Beispiel" (IR, Z. 266). Um dennoch am Sport teil zu haben, akzeptiert er allerdings den Trainer: „Aber man kann halt nichts gegen ihn sagen, weil er ist ja der Trainer" (IR, Z. 271).

- *Interkulturelles Lernen*

Rafael berichtet, dass er durch den Schulsport nicht viel über andere Kulturen gelernt hat: „Ähm (..) nein eigentlich nicht so sehr. Wir machen meistens nur das was auf dem Lehrplan steht und haben wenig Zeit für andere Sachen (.) leider" (IR, Z. 284-285). Jedoch würde sich Rafael mehr interkulturelle Inhalte im Sportunterricht wünschen:

> „Ja, wär schon gut über die anderen Länder was zu erfahren, über die Kultur, das würde auch mehr Sinn machen, weil die Schule ist ja da, um jemandem etwas bei zu bringen und durch Sport alleine lernt man ja nichts, aber es wäre besser, wenn man durch Sport auch andere Kulturen kennenlernt" (IR, Z. 293-296).

Auch konnte Rafael durch den Vereinssport keine interkulturellen Kompetenzen aufbauen (vgl. IR, Z. 300).

- *Integration durch Vereinssport*

Ob der Vereinssport für seinen persönlichen Integrationsprozess förderlich war, konnte Rafael nicht beantworten. Jedoch sieht Rafael Chancen für eine Integration durch Sport: „(...) das ist aber eine schwierige Frage (..). Aber eigentlich schon, habe ja dadurch meine ganzen Freunde kennengelernt und so" (IR, Z. 482-483).

5.1.3 Interpretation

- *Interaktion*

Rafaels Freundeskreis besteht aus Griechen, Italienern und vielen Deutschen. Eine Großzahl seiner Freunde lernte er sowohl durch den Vereins- als auch durch den Schulsport kennen. Dabei drückt er aus, dass sich der Sport besonders gut eignet, um Menschen kennenzulernen. Insofern würde ich hieraus deuten, dass sowohl der Schul- als auch der Vereinssport die Dimension der Interaktion bei Rafael fördert.

- *Kulturation*

Während Rafael bei sich daheim überwiegend griechisch spricht, kommuniziert er in seinem Freundeskreis, sowie in der Schule und im Sportverein in der deutschen Sprache. Dabei fällt ihm auf, dass er versucht sich besser auszudrücken, wenn er mit seinen deutschen Freunden zusammen ist.

Obwohl Rafael in einigen seinen Sätzen einen unkorrekten Satzbau hat und zum Teil falsche Artikel benutzt, würde ich ihm gute deutsche Sprachkenntnisse zusprechen. Aufgrund der Tatsache, dass er durch den Vereinssport viele deutsche Freunde kennenlernte und mit diesen nach eigenen Angaben besser deutsch spricht, würde ich daraus deuten, dass die Mitgliedschaft im Sportverein Rafaels Sprachkenntnisse fördert.

Rafael äußert, dass er durch den Vereinssport deutsche Werte und Normen versucht zu verinnerlichen. Er nennt hier das Beispiel Fairplay, weil dieses seiner Meinung nach bei Griechen nicht von großer Bedeutung ist. Auch deutet er an, dass er diese Werte auch in andere Lebensbereiche übernehmen kann, da sie dort auch eine wichtige Rolle spielen. Daraus lässt sich schließen, dass der

Sportverein bei Rafael für den Aufbau von Kenntnissen über Werte und Normen förderlich ist.

Rafael akzeptiert die vorherrschenden Regeln im Verein, auch wenn er etwas ändern möchte. Um dennoch am Sport teilzunehmen, springt er sozusagen über seinen Schatten und akzeptiert den strengen Trainer und seine Regeln. Hieraus lässt sich deuten, dass Rafael durch den Sportverein lernte vorhandene Regeln zu akzeptieren.

Zusammenfassend würde ich festhalten, dass sich die Mitgliedschaft im Sportverein bei Rafael förderlich auf die Integrationsdimension der Kulturation auswirkt.

- *Plazierung*

Rafael fühlt sich von den Verantwortlichen des Sportvereins akzeptiert und gleichberechtigt. Somit ist eine soziale Akzeptanz, die eine wichtige Bedingung für die Plazierung darstellt, bei Rafael gegeben. Durch seine Rolle als Kapitän seiner Mannschaft nimmt erfährt er viel Anerkennung und zieht daraus sein Selbstbewusstsein. Dieses übernimmt er auch in andere Lebensbereiche, wie z.B. die Schule. Ich kann nur vermuten, dass er dieses Selbstvertrauen auch mit in die berufliche Ausbildung nimmt, was für das Finden eines Arbeitsplatzes sicherlich förderlich wäre. Infolgedessen lässt sich auf Grundlage des durchgeführten Interviews nicht genau ableiten, ob der Sport die die Integrationsdimension Plazierung bei Rafael fördert.

- *Identifikation*

Rafael fühlt sich in Deutschland wohl und zur deutschen Gesellschaft zugehörig. Zudem fühlt er sich von den Mitmenschen akzeptiert und gleichberechtigt. Allerdings würde ich ihm nicht die Ausbildung eines deutschen Nationalstolzes oder eines „Wir-Gefühls" zuschreiben. Obwohl er in Deutschland geboren ist und nur wenig Zeit in Griechenland verbrachte, fühlt er sich als Grieche. Ich denke, dass der Sport keine Rolle spielt, ob Rafael sich als Deutscher oder Grieche fühlt. Infolgedessen messe ich dem Sport an dieser Stelle keinen Einfluss auf die Dimension der Identifikation bei.

5.2 Petrit

5.2.1 Kurzlebenslauf und Interaktion

Petrit ist 16 Jahre alt und wurde im Kosovo geboren. Er besucht eine neunte Klasse einer Realschule im Kreis Esslingen. Er hat zwei Schwestern, die zwölf und 21 Jahre alt sind. Während seine jüngere Schwester auf eine Hauptschule geht, schloss seine ältere Schwester eine Ausbildung ab und arbeitet nun als Einzelhandelskauffrau. Die Familie migrierte aufgrund schlechter Lebensbedingungen im Kosovo vor etwa 14 Jahren nach Deutschland. Dabei kam Petrits Vater zunächst alleine nach Deutschland, um einen Arbeitsplatz zu finden und eine Wohnung zu mieten. Petrit und der Rest der Familie zog erst vier Jahre später nach. Petrit war demnach zwei Jahre alt, als er nach Deutschland kam. Petrits Vater geht dem Beruf des Brand- und Bausanierers geht nach und seine Mutter ist Hausfrau. Die Familie wohnt in einer relativ kleinen 3-Zimmer-Wohnung in einem städtischen Vorort. Petrit muss sich demzufolge ein Zimmer mit seiner kleinen Schwester teilen. Seine größere Schwester ist schon ausgezogen und verheiratet.

Petrits Wunsch ist es nach seinem Schulabschluss das Abitur zu machen und anschließend Maschinenbau zu studieren. Er spielt in der B-Jugend des TV Musterstadt und ist seit drei Jahren in diesem Verein Mitglied. Davor spielte er schon bei zwei anderen Vereinen Fußball.

Während dem Interview war Petrit sehr aufgeschlossen und antwortete offen auf die Leitfragen. Dies zeigt sich darin, dass seine Antworten im Vergleich zu denen der anderen interviewten Schüler relativ lang waren. Trotz seiner Aufgeschlossenheit schien Petrit besonders zu Beginn des Interviews aufgeregt zu sein, was sich dadurch äußerte, dass er die Daten seiner eigenen Migrationsgeschichte durcheinander brachte.

5.2.2 Deskription

- *Integration*

Petrit beschreibt den Begriff der Integration folgendermaßen:

> „Also, ich glaube in vielen Ländern ist es ganz anders und unterschiedlich wie die Kultur ist, wie man sich benehmen soll oder wie die Arbeit dort ist und hier ist, wie man bezahlt wird.[...], weil (..) wo wir im Kosovo gelebt haben wurden wir ja anders, wie soll ich sagen, wahr genommen und hier auch, also eine ganz andere Rolle. Hier glaub ich, wenn man in Deutschland lebt sollte man auch wie die Deutschen leben. So dass, die Deutschen nicht sagen ‚ja, das sind Ausländer /, Ausgeschlossen'. Wie damals die Weißen mit den Schwarzen. Ich glaub das da ist für mich Integration" (Interview Petrit, Z. 82-89).

Durch seine Äußerung, dass Immigranten wie die Menschen der Mehrheitsgesellschaft leben sollten, zeigt sich ein Integrationsverständnis im Sinne einer Anpassungsforderung an die Immigranten. Insofern versteht Petrit die Eingliederung von zugewanderten Menschen eher als Assimilation. Diesem Zitat ist außerdem zu entnehmen, dass es Petrit wichtig ist, was die Mehrheitsgesellschaft über ihn denkt. Er möchte nicht als integrationsunwilliger Mensch gelten. Eine weitere Aussage unterstreicht diesen Aspekt. Auch sein Integrationsverständnis im Sinne einer einseitigen Anpassung an die Mehrheitsgesellschaft wird dadurch verdeutlicht:

> „Ja genau. So dass die Deutschen nicht sagen können ‚ihr wollt keine Deutschen sein'. Und nicht, nur dass wir keine Deutschen sein wollen, sondern nicht dass die [die Deutschen, M.B.] denken, dass wir die Welt verändern wollen bzw. Deutschland (lacht) [...] und nicht, dass die denken wir machen neue Regeln und so. Die sollen halt schon merken, dass wir uns anpassen wollen (.) also integrieren" (IP, Z. 93-95, 99-100).

Damit die Integration eines Menschen mit Migrationshintergrund gelingen kann, bedarf es Petrits Meinung nach an sozialen Netzwerken, die Kenntnis der kulturellen Werte und Normen sowie die Beherrschung der deutschen Sprache:

> „Wenn man halt neu nach Deutschland kommt und man hat dann mehr zu tun miteinander. Mit den Mitmenschen, wenn man nach draußen geht, Schule und Verwandte, alles drum und dran. Auch Fußballkameraden. Wenn man sozusagen mit anderen Leuten abhängt. [...] die Regeln mit den Mitmenschen klar zu kommen, freundlich sein, höflich (..) so dass du dich halt langsam beliebt machst. Und natürlich die Sprache muss man können" (IP, Z. 109-112, 535-536).

Petrit fühlt sich persönlich integriert (vgl. IP, Z. 121). Er macht den Eindruck, dass er nicht genau weiß, ob er sich als Deutscher oder Kosovare fühlt. Bei einem Fußballspiel zwischen Deutschland und dem Kosovo wäre er „60 Prozent Prozent für Kosovo und 40 Prozent für Deutschland" (IP, Z. 509) und begründet es folgendermaßen: „Das ist ja sozusagen mein Land. Ich bin ja auch dort geboren und es wäre schon, wenn mein Land gewinnen würde" (IP, Z. 507-508).

Jedoch meint Petrit ein paar Augenblicke später, dass er sich doch als Deutscher fühlt:

> „Ich bin eher ein Deutscher, weil ich lebe fast dort [im Kosovo, M.B.] nie. Ich gehe dort nur Urlaub zu machen und meine Familie zu besuchen, meine Herkunft zu sehen" (IP, Z. 518-520).

Dadurch wird der Identitätszwiespalt, in dem sich Petrit befindet verdeutlicht.

- *Freundschaftsnetzwerke*

Petrits Freundeskreis besteht aus „Türken, Albanern, Italienern, Deutsche gibt es auch" (IP, Z. 159). Petrits Meinung nach gibt es allerdings keine wirklichen Freunde:

> „Man kann halt nicht sagen „wirkliche Freunde", weil heutzutage findest du nicht wirklich richtige Freunde [...] So richtige, wo man dem was anvertrauen kann bzw. wenn man irgend so eine Sache macht, egal in welcher Hinsicht. [...] Es gibt einfach zu viele hinterhältige Leute" (IP, Z. 166-167, 192-195).

Eine mögliche Ursache für dieses Menschenbild von Petrit könnte in seinem Vater gesehen werden. Dieser hegt eine besondere Abneigung gegenüber albanischen Menschen:

> „Mein Vater sagt immer ‚Arbeite nie mit einem Albaner zusammen' (lacht). [...] Es gibt halt viele Albaner, die jemanden abzocken wollen und mein Vater hat es schon mehrmals erlebt und hat es auch im Fernsehen gesehen. [...] Mein Vater meint ‚lieber machst du was mit einer anderen Nationalität, anstatt mit einem Albaner' " (IP, Z. 169-170, 175-176, 179).

Diese Einstellung des Vaters könnte mit schlechten Erfahrungen zusammenhängen, die er in der Zeit im Kosovo machte. Petrit übernimmt diese Ansichten und überträgt es auf alle Menschen, was es ihm schwer macht anderen Menschen zu vertrauen (vgl. IP, Z. 177-178).

Dennoch hat Petrit durch den Sportverein viele Kontakte knüpfen können (vgl. IP, Z. 240). Er betont allerdings, dass sich die Begegnungen mit den Jugendlichen nur auf den Sportverein beschränken:

> „Ich hatte mit denen halt nur im Fußball was zu tun, so wirklich draußen hatte ich nicht viel mit denen zu tun. [...] Aber das Fußballspielen mit denen hat Spaß gemacht" (IP, Z. 247-249).

Auch durch den Schulsport konnte er seine Mitschüler besser kennenlernen. Er meint außerdem, dass sich der Sportunterricht im Vergleich zu Unterricht im Klassenzimmer besonders für das Kennenlernen eignet:

> „[...]in Mathe macht man ja sozusagen mehr für sich selbst und im Sport macht man ja was mit den anderen zusammen. Man spielt entweder gegeneinander oder an spielt mit denen in einem Team. Und da redet man ja auch und kann sich halt schon besser kennenlernen als in Mathe" (IP, Z. 448-451)."

Wirkliche Freundschaften bildeten sich durch den Schulsport allerdings nicht.

- *Sprache*

Petrit spricht mit seinen Eltern Albanisch und mit seinen Schwestern Deutsch. Er würde sich jedoch wünschen mehr Deutsch zu Hause zu sprechen, um sowohl die Deutschkenntnisse der Eltern als auch seine zu verbessern:

> „Ja, klar. Also mit meinen Eltern besonders, damit die auch die deutsche Sprache besser beherrschen, aber auch so allgemein, damit ich die deutsche Sprache besser beherrsche. Das wäre super. Ich lebe ja hier und will ja noch länger hier leben" (IP, Z. 210-212).

Wenn er mit albanischen Bekannten zusammen ist, wird eine Mischung aus albanisch und deutsch gesprochen (vgl. IP, Z. 200). Ihm fällt auf, dass er versucht besseres Deutsch zu sprechen, wenn er unter deutschen Bekannten ist:

> „Also mit Italienern und Albanern spreche ich so ausländisch deutsch (lacht). Und mit dir oder anderen Deutschen aus meiner Mannschaft spreche ich dann richtiges Deutsch. Ich bemühe mich halt die richtigen Wörter zu benutzen, weil wenn ich mit anderen Freunden bin, da lasse ich ein paar Wörter sausen. Ich denk dann ‚ach komm, was solls'. Ich rede dann einfach irgendwie" (Z. 224-228).

Da in seiner Mannschaft einige Deutsche spielen, könnte man daraus deuten, dass sich seine Sprachkenntnisse durch die Mitgliedschaft im Sportverein verbessern. Petrit bestätigt dies und meint, dass er sein Deutsch durch die Begegnungen mit deutschen Mannschaftskameraden verbessert hat (vgl. IP, Z. 361).

- *Anerkennung und Akzeptanz*

Petrit fühlt sich Deutschland zugehörig und in diesem Land sehr wohl (vgl. IP, Z. 136-137). Beim TV Musterstadt fühlt er sich vom Trainer allerdings nicht akzeptiert und anerkannt (vgl. IP, Z. 328). Er empfindet dies so, weil der Trainer ihm nicht genügend Einsatzzeit in den Spielen gibt. Obwohl sein jetziger Trainer Grieche ist, schließt er nicht aus, dass die geringe Berücksichtigung an seiner albanisch-kosovarischen Herkunft liegt (vgl. IP, Z. 425). Aufgrund eigener Erfahrungen ist Petrit zudem der Meinung, dass deutsche Trainer auch deutsche Spieler bevorzugen:

> „Wenn da einige Deutsche in einer Mannschaft spielen und nur ein paar Ausländer, dann spielen meiner Meinung nach nicht so viele Ausländer bei so einem deutschen Team. Also meiner Meinung nach." (IP, Z. 299-201).

Er meint außerdem, dass deutsche Trainer Spieler mit Migrationshintergrund kaum wahrnehmen (vgl. IP, Z. 315-316).

Auch seine persönliche Stellung in seiner derzeitigen Mannschaft schätzt Petrit „auf jeden Fall nicht hoch" (IP, Z. 416) ein. Er begründet seinen geringen Status mit seiner Leistungsfähigkeit als Fußballer, die nicht so hoch ist wie bei seinen Mannschaftskameraden (vgl. IP, Z. 416-421). Daraus lässt sich folgern, dass die Leistung ein wichtiger Faktor für das Akzeptanzgefühl von Menschen sein kann.

Trotz seines geringen Status in der Mannschaft, ist Petrit der Meinung, dass er durch die Mitgliedschaft im Verein noch mehr zur deutschen Gesellschaft gehört (vgl. IP, Z. 495-498).

Auch in der Schule fühlt sich Petrit von Schülern und Lehrern akzeptiert. Hier weist er darauf hin, dass er sich mit Schülern mit Migrationshintergrund „tausend mal besser verstanden" (IP, Z. 400) hat, als mit einheimischen Jugendlichen. Ein signifikanter Zusammenhang zwischen dem Schulsport und der Ausbildung von Akzeptanz- bzw. Anerkennungsgefühlen lässt sich aus Petrits Aussagen nicht ableiten.

- *Menschen mit Migrationshintergrund im Sportverein*

Aufgrund seiner Erfahrungen mit deutschen Trainern, die deutsche Spieler bevorzugten und Spieler mit Migrationshintergrund nicht wahrnahmen, wünscht sich Petrit mehr Menschen mit Migrationshintergrund im Verein. Besonders die die Position des Trainers sollte seiner Meinung nach ein Mensch mit Migrationshintergrund übernehmen: „Ich glaube, das wäre ganz gut mal. Der ist dann sozusagen einer von uns (lacht)" (IP, Z. 310). Durch die Aussage, ein Trainer mit Migrationshintergrund sei einer von ihnen, lässt sich schließen, dass ein solcher Trainer eine Art Identifikationsfigur für Petrit darstellen könnte. An diesem könnte sich Petrit orientieren und ihn als Vorbild nehmen.

- *Werte und Normen*

Aus den transkribierten Interviews lassen sich keine Aussagen darüber machen, ob Petrit durch die Mitgliedschaft im Sportverein kulturelle Werte oder Normen, die sich als typisch deutsch charakterisieren lassen, verinnerlichte. Als Ursache hierfür ist zu nennen, dass die Fragen von mir zu ungenau gestellt wurden. Dies hatte zur Folge, dass Petrits Antworten keinen Aufschluss darüber gaben, ob er Kenntnisse über Werte und Normen aufbaute.

- *Akzeptanz der Regeln*

Petrit akzeptiert voll und ganz die Regeln und Gesetze in Deutschland sowie im Sportverein. Er ist der Meinung, dass die vorherrschenden Regeln von Beginn an deutlich gemacht werden müssen, da man ansonsten nicht weiß „wie man sich verhalten soll" (IP, Z. 351-352). Er ist mit den Regeln, die im Verein vorherrschen einverstanden und möchte auch nichts an den Regeln ändern (IP, Z. 352).

- *Interkulturelles Lernen*

Petrit wurde bisher weder im Schul- noch im Vereinssport mit interkulturellen Inhalten konfrontiert. Allerdings wünscht er sich das auch gar nicht: „Für mich wäre es eigentlich egal, ob wir was von meinem Land spielen, oder von einem anderen Land" (IP, Z. 390-391).

- *Integration durch Vereinssport*

Ob der Vereinssport Petrits persönlichen Integrationsprozess fördert, kann er nicht beantworten. Er macht jedoch klar, dass er sich durch den Vereinssport verbundener mit Deutschland fühlt:

> „Da spielst du ja sozusagen nicht nur für diese Mannschaft, sondern auch für Deutschland. Weil du spielst ja in Deutschland, dann spielst du auch automatisch meiner Meinung nach auch für Deutschland" (IP, Z. 496-498).

5.2.3 Interpretation

- *Interaktion*

Petrits Freundeskreis besteht aus Türken, Albanern, Italienern und Deutschen. Er ist der Meinung, dass es heutzutage keine wirklichen Freunde gibt, da man den Menschen nicht trauen kann. Diese Einstellung könnte er von seinem Vater übernommen haben.

Dennoch konnte Petrit besonders durch den Vereinssport viele Kontakte mit Jugendlichen knüpfen. Daraus entstanden jedoch keine Freundschaften, was möglicherweise an seinem negativen Menschenbild liegt. Auch durch den Schulsport lernte er seine Mitschüler besser kennen. Petrit hebt die besondere Fähigkeit des Schulfaches Sport hervor, indem er meint, dass dadurch das gegenseitige Kennenlernen stark erleichtert wird.

Auch wenn Petrit durch den (Schul-)Sport keine Freunde fand, lernte er viele Jugendliche kennen, mit denen er sich zum Teil gut verstand. Hieraus deute ich, dass der (Schul-)Sport die Dimension der Interaktion bei Petrit ein Stück weit fördern konnte.

- *Kulturation*

Petrit spricht mit seinen Eltern Albanisch und mit seinen Schwestern Deutsch. Da er gewillt ist seine Deutschkenntnisse zu verbessern, würde er sich wünschen mehr Deutsch daheim zu sprechen. Ihm fällt auf, dass er besser Deutsch spricht, wenn er mit deutschen Freunden oder Mannschaftskameraden zusammen ist. Er betont, dass er seine Deutschkenntnisse durch die Mitgliedschaft im Sportverein verbessern konnte. Ich bin der Meinung, dass Petrit seine Deutschkenntnisse unterschätzt. Auch wenn er ein paar Artikel falsch verwendet, würde ich ihm recht gute Deutschkenntnisse zuschreiben.

Petrit akzeptiert die vorhandenen Regeln beim TV Musterstadt und würde daran auch nichts ändern. Ob der Sport allerdings Einfluss auf die Schulung der Akzeptanz von Regeln bei Petrit hat, ließ sich aus dem Interview nicht schließen. Ebenfalls wurde durch das Interview nicht ersichtlich, ob Petrit durch den Sportverein kulturelle Werte oder Normen verinnerlichte.

Zusammenfassend halte ich fest, dass Petrit durch den Sportverein seine Deutschkenntnisse verbessern konnte. Insofern wurde die Integrationsdimension der Kulturation bei Petrit durch den Sportverein gefördert.

- *Plazierung*

Petrit fühlt sich akzeptiert und wohl in Deutschland. Jedoch machte er diskriminierende Erfahrungen mit deutschen Trainern, die Spieler ohne Migrationshintergrund bevorzugten. Auch in seiner jetzigen Mannschaft fühlt er sich vom Trainer weder akzeptiert noch gleichberechtigt, was Petrit zum großen Teil auf seine relativ geringe fußballerische Fähigkeit zurückführt. Allerdings schließt er nicht aus, dass es an seiner Herkunft liegen könnte. Aufgrund dieser Tatsachen, fördert der Sportverein sicherlich nicht Petrits Anerkennungs- und Akzeptanzgefühl, sowie die Ausbildung von Selbstbewusstsein. Demzufolge fördert der Sportverein bei Petrit nicht die Dimension der Plazierung.

- *Identifikation*

Petrit scheint in einem Identitätszwiespalt zu sein, da er sich nicht im Klaren darüber ist, ob er ein Kosovare oder doch ein Deutscher ist. Er fühlt sich Deutschland zugehörig und wohl in diesem Land. Einen deutschen Nationalstolz würde ich ihm nicht zuschreiben. Aufgrund der Mitgliedschaft in einem deutschen Verein, ist Petrit jedoch der Meinung, dass er auch für Deutschland spielt. Hieraus lässt sich deuten, dass er durch den Sportverein eine Art „Wir-Gefühl" aufbauen konnte. Zudem meint er, dass er sich durch die Mitgliedschaft im Sportverein Deutschland noch mehr zugehörig fühlt. Aus diesen Äußerungen schließe ich, dass der Vereinssport zur Förderung der Dimension der Identifikation beiträgt.

5.3 Edin

5.3.1 *Kurzlebenslauf und Interaktion*

Edin ist 15 Jahre alt und wurde in Deutschland geboren. Seine familiären Wurzeln liegen allerdings in Bosnien. Er schloss die Grundschule mit einem Schnitt von 1,5 ab und besucht nun eine neunte Klasse eines Gymnasiums im Kreis Esslingen, worauf er sehr stolz ist. Seine Klasse gehört dem Sportprofil an, was bedeutet, dass die Schüler pro Woche fünf Unterrichtsstunden Sport haben.

Edins Eltern sind im Jahre 1992 vor dem Krieg im ehemaligen Jugoslawien nach Deutschland geflüchtet. Sein Vater studierte in Bosnien Medizin und war zum Zeitpunkt der Flucht im siebten Semester. Jedoch wurde das Studium in

Deutschland nicht anerkannt, so dass er seine Berufsausbildung von vorne beginnen musste. Edins Mutter arbeitet in einem Rathaus als Verwaltungsfachangestellte. Edin hat eine Schwester, die 18 Jahre alt ist und eine zwölfte Klasse des gleichen Gymnasiums besucht. Die vierköpfige Familie wohnt in einer 4-Zimmer-Wohnung am Rande einer Kleinstadt. Somit hat Edin ein eigenes Zimmer zur Verfügung.

Edin ist seit etwa zehn Jahren Mitglied beim TV Musterstadt und spielt in der B-Jugend Mannschaft im Mittelfeld. Er weiß noch nicht genau welchen Beruf er nach der Schulzeit ausüben möchte. Ihm ist allerdings klar, dass sein Beruf etwas mit Sport zu tun haben soll.

Edin war während des gesamten Interviews sehr offen und aufgeschlossen. Dabei wirkte er sehr selbstbewusst. Zudem zeigte er nach dem Interview großes Interesse an meiner Untersuchung und stellte mir allgemeine Fragen zum Studium.

5.3.2 Deskription

- *Integration*

Integration bedeutet für Edin,

> „dass man sich hier in dem Land, in das man kommt, dass man sich da zu Hause fühlt, würde ich jetzt sagen. Und, dass man sich auch Freunde sucht, die aus dem Land kommen, weil ich habe auch einige Freunde, kroatische, bosnische Freunde, die nur mit Kroaten und Bosniern rumhängen. [...] Die wollen nicht mit Deutschen, so irgendetwas machen, die suchen sich halt wirklich nur solche Leute und das finde ich, ist jetzt nicht wirklich integriert" (Interview Edin, Z. 68-74).

Für eine gelingende Integration ist Edin demnach wichtig, dass die eingewanderten Menschen vor allem Kontakte zu Menschen ohne Migrationshintergrund suchen.

Große Bedeutung für den Integrationsprozess, haben neben den Kontakten zu Einheimischen auch die Sprachkenntnis und der Besitz eines Arbeitsplatzes. Nach Edins Meinung ist man integriert,

> „wenn man einen Job hat, wenn man eine eigene Wohnung hat, selbständig ist in dem Land und sich /, erst mal wenn man die deutsche Sprache spricht oder generell die Sprache von dem Land." (IE, Z. 85-87).

Für ihn ist es auch wichtig, dass die Mehrheitsgesellschaft ein gutes Bild von ihm hat. Er möchte nicht als integrationsunwilliger Jugendlicher mit Migrationshintergrund gelten. Dies wird deutlich, wenn man seine Meinung von arbeitslosen Menschen mit Migrationshintergrund betrachtet:

> „Und einen Job zu suchen, sonst gerät man auch schnell auf die Schiene, sage ich jetzt mal zu den Asozialen. [...] Die ausländischen Arbeitslosen, die keinen Bock haben zu arbeiten, so die Schiene meine ich. Die sind halt immer voll schlecht angesehen von der Gesellschaft" (IE, Z. 396-397, 402-403).

Edin selbst fühlt sich vollkommen in die deutsche Gesellschaft integriert (vgl. IE, Z. 92) und fühlt sich zudem nicht als Bosnier, sondern als Deutscher:

> „Ich bin eigentlich immer so der ‚Deutsche'. Ich gehöre immer zu den ‚Deutschen', wenn es aufgeteilt wird nach Ausländer gegen Deutsche. [...] Ich fühle mich auch selber mehr als Deutscher als Bosnier oder sowas" (IE, Z. 47-48, 50-51).

Er begründet seine Gefühle dadurch, dass er wenig persönlichen Bezug und Verbindung zu Bosnien hat:

> „Ich habe nie dort gelebt, ich gehe nur ab und zu, alle zwei Jahre oder so zu der Familie und das nicht freiwillig, sondern weil ich eigentlich hin muss [...]" (IE, Z. 384-386).

In Deutschland fühlt er sich sehr wohl und ist hier daheim: „Ich habe hier mein ganzes Leben gelebt und ich fühle mich hier zu Hause" (IE, Z. 386-387).

- *Freundschaftsnetzwerke*

Edins Freundeskreis besteht größtenteils aus Jugendlichen ohne Migrationshintergrund:

> „Das sind eigentlich alles Deutsche meine engsten Freunde. Da sind vielleicht eins, zwei Türken dabei, aber die sind auch mehr so wie ich. Die sind keine so Kanaken, du weißt was ich meine glaube ich (lacht). Das sind auch so mehr integrierte Türken" (IE, Z. 115-17).

Durch diese Aussagen wird verdeutlicht, dass sich Edin als Deutscher fühlt. Er grenzt sich zudem von den anderen Jugendlichen mit Migrationshintergrund ab, die er nicht als integriert ansieht.

Auch wenn sein jetziger Freundeskreis außerhalb des Sportvereins gebildet wurde, hat Edin durch den Verein enge Freundschaften knüpfen können (vgl. IE, Z. 173-175). Er meint außerdem, dass durch den Sportverein allgemein gute Möglichkeiten bestehen, Freunde zu finden (vgl. IE, Z. 181).

Auch durch den Schulsport lernte Edin Klassenkameraden besser kennen:

> „Ich hatte früher eigentlich wenig mit ein paar Leuten zu tun, aber jetzt dadurch, dass wir im Sportprofil sind und öfters zusammen Sport machen, so generell irgendwas, das merkt man schon. Dann kann man die Leute schon besser kennenlernen" (IE, Z. 258-260).

Auch bildeten sich aus den Bekanntschaften aus dem Sportunterricht Freundschaften (vgl. IE, Z. 264).

- *Sprache*

Obwohl Edins Eltern „perfekt Deutsch" (IE, Z. 125-126) können, sprechen sie zu Hause ausschließlich Bosnisch mit Edin, der jedoch stets auf Deutsch antwortet (vgl. IE, Z. 126). Hier kommt wieder der geringe Bezug Edins zu Bosnien zum Ausdruck. Möglicherweise blockt er seine kulturellen Wurzeln auch ein Stück weit ab.

Ihm fallen keine Unterschiede bei der Verwendung der deutschen Sprache auf, wenn er mit Menschen mit oder ohne Migrationshintergrund zusammen ist:

> „[...] es ist mir eigentlich noch nie so wirklich aufgefallen, da ich meistens nur mit den Leuten von meiner Schule oder so, die alle auf dem eigentlich gleichen Bildungsstand sind wie ich. Und deshalb, sagen wir mal keine Kanaken oder so was dabei sind. Ich weiß nicht, vielleicht wenn ich mit solchen rumhängen würde, würde sich meine Sprache wahrscheinlich auch verändern, aber es ist mir bisher noch nicht aufgefallen, dass ich anders reden würde" (IE, Z. 135-140).

Diese Erkenntnis könnte daran liegen, dass Edin einwandfreies Deutsch spricht und sich deshalb auch noch keine Gedanken über seine Sprachkenntnisse gemacht hat.

Durch diese Aussagen wird zudem erneut deutlich, dass er sich als Deutscher sieht und die anderen Jugendlichen mit Migrationshintergrund herabstuft. Er äußert sich schon fast abwertend über die andern Jugendlichen mit Migrationshintergrund.

- *Anerkennung und Akzeptanz*

Edin fühlt sich beim TV Musterstadt vollkommen akzeptiert und gleichberechtigt (vgl. IE, Z. 211). Allerdings hat sich seine Stellung in der Mannschaft in der nahen Vergangenheit geändert:

> „Ich war früher immer Führungsspieler eigentlich, so mit ein paar anderen. Jetzt ist es ein bisschen anders geworden, weil wir jetzt die 96er und 95er [Damit sind die Jahrgänge gemeint, M.B.] zusammenspielen mit den Älteren. Da sind jetzt einige Bessere dazu gekommen. Vorher war ich immer Kapitän, 10er [Position beim Fußball, M.B] alles ganz klar, aber das hat sich jetzt schon geändert, nachdem ich zu den Älteren gekommen bin" (IE, Z. 296-298, 304-306).

Die Aussagen Edins machen klar, dass die Leistung für den Status in der Mannschaft und damit auch für die Ausbildung von Gefühlen der Akzeptanz und Anerkennung eine bedeutende Rolle spielt. Edin unterstützt dies und meint, dass man durch sportliche Leistung seine Stellung in der Mannschaft verändern kann: „Wenn du ein guter Kicker bist, dann bist du auch besser angesehen. Ganz klar" (IE, Z. 316-317). Auch in seiner Schulklasse fühlt sich Edin wohl und akzeptiert und wurde letztes Jahr sogar zum Klassensprecher gewählt. Edin ist auch hier der Ansicht, dass der Sport zu einem besseren Ansehen führen kann:

> „Ja, das denke ich schon. Besonders weil wir eine Sportklasse sind. Aber auch so denke ich schon, dass es möglich ist und besser angesehen ist in der Klasse, wenn man gut ist als irgendein totaler Versager jetzt im Sport" (IE, Z. 327-329).

Ob der Schul- und Vereinssport sich bei Edin auf die Ausbildung von Akzeptanz- und Anerkennungsgefühlen auswirkt, lässt sich aus den Aussagen jedoch nicht ableiten.

- *Menschen mit Migrationshintergrund im Sportverein*

Edin ist nicht der Ansicht, dass sich eine größere Anzahl von Menschen mit Migrationshintergrund in der Vereinsorganisation positiv auf die Integration von Jugendlichen mit Migrationshintergrund auswirkt. Infolgedessen wünscht er sich auch nicht mehr Menschen mit Migrationshintergrund in seinem Verein: „Nein, da würde mich eher ein paar Deutsche wünschen" (IE, Z. 199). Gründe für diese Ansicht, konnte Edin allerdings nicht angeben (vgl. IE, Z. 203). Er empfindet dieses möglicherweise so, da beim TV Musterstadt in der B-Jugend ein relativ hoher Anteil der Spieler sowie der Trainer einen Migrationshintergrund haben.

- *Werte und Normen*

Ob Edin kulturelle Werte und Normen durch den Vereinssport verinnerlichte, konnte er nicht genau sagen:

> „(..). Ich weiß nicht, ob es vielleicht anders gewesen wäre, wenn ich jetzt nicht im Sportverein gewesen wäre, aber ich glaube da war jetzt nichts so groß schwerwiegendes, was sich verändert hat oder so" (IE, Z. 227-229).

- *Akzeptanz der Regeln*

Edin akzeptiert die vorherrschenden Regeln des Vereins und unterstützt die große Disziplin, die sein jetziger Trainer von den Spielern fordert: „Also, ich finde es gut, dass wir jetzt einen strengen Trainer haben" (IE, Z. 223).

Ob bei Edin durch den Vereinssport die Akzeptanz von Regeln geschult wurde, ging aus dem Interview jedoch nicht hervor.

- *Interkulturelles Lernen*

Edin wurde in seiner gesamten Schulzeit nur einmal mit interkulturellen Inhalten konfrontiert:

> „Wir hatten letztes Jahr so generell Kulturen /, da hatten wir so einen Workshop glaube ich war das. Da hat man schon einiges erfahren, da wir auch einige ausländische Personen auf der Schule haben, was heißt einige, es ist ein kleiner Teil, aber trotzdem haben wir welche und da hat man schon einiges kennengelernt, so vor allem der Bereich Afrika oder so was. Da hat man halt einiges kennengelernt" (IE, Z. 239-243).

Allerdings wurde speziell im Sportunterricht noch nie auf Kulturen eingegangen. Edin wünscht sich dies auch gar nicht: „Hmm, ich weiß nicht. Ich fand es gut, aber ich brauch das jetzt nicht unbedingt" (IE, Z. 247).

Ebenfalls waren im Sportverein keine interkulturellen Inhalte existent (vgl. IE, Z. 235).

- *Integration durch Vereinssport*

Edin hat keine eindeutige Antwort auf die Frage, ob der Vereinssport für seinen eigenen Integrationsprozess förderlich ist bzw. war. Allerdings betont er positive Effekte des Sports, die auf ihn einwirken:

> „Ich weiß nicht, vielleicht /, das ist eine komische Frage, da ich nicht weiß, wie es ohne den Sport gewesen wäre, aber ich denke schon, dass es mir geholfen hat Freunde zu finden und das trägt ja auch dazu bei, dass ich mich hier wohler fühle und alles mögliche" (IE, Z. 408-410).

Auch wenn Edin sich unsicher ist, ob der (Schul-)Sport ihm persönlich bei der Integration unterstützte, spricht er dem Sport allgemein ein integrationsförderndes Potenzial zu:

> „Ob der Sport die Integration fördern kann? Doch ich würde schon sagen, dass es förderlich ist. Als mehr förderlich als jetzt keinen Sport zu machen. Das aufjedenfall. Aber das ist echt eine schwere Frage (..). Es kommt halt auch auf die Leute darauf an, die in deinem Verein sind. Aber trotzdem würde ich generell sagen, dass der Sport die Integration fördern kann" (IE, Z. 415-419).

5.3.3 Interpretation

- *Interaktion*

Edins gegenwärtiger Freundeskreis besteht größtenteils aus Jugendlichen ohne Migrationshintergrund und gründete sich ohne Einfluss des Schul- oder Vereinssports. Dennoch konnte Edin in seiner Vergangenheit durch den Vereinssport viele Kontakte knüpfen, wodurch sich auch Freundschaften bildeten. Er schreibt dem Vereinssport zudem das Potenzial zu Menschen zueinander zu führen.

Auch durch den Schulsport konnte Edin Klassenkameraden intensiver kennenlernen und neue Freundschaften knüpfen. Aufgrund dessen bin ich der Meinung, dass der Schul- und Vereinssport die Dimension der Interaktion bei Edin fördert.

- *Kulturation*

Edin spricht in seinem Freundeskreis sowie zu Hause ausschließlich Deutsch. Er antwortet sogar in der deutschen Sprache, wenn seine Eltern ihn auf Bosnisch ansprechen. Dies könnte darauf hinweisen, dass er seine kulturellen Wurzeln ein Stück weit abblockt. Edin spricht perfektes Deutsch, weshalb der Sportverein keinen Einfluss auf die Förderung seiner Sprachkenntnisse haben kann.

Auch ist bei Edin kein signifikanter Zusammenhang zwischen seiner Mitgliedschaft beim TV Musterstadt und einer Übernahme von kulturellen Werten und Normen und erkennbar. Außerdem lässt sich aus dem Interview nicht schließen, ob bei Edin die Akzeptanz von Regeln geschult wurde. Der Grund, dass hierauf keine Antworten gefunden wurden, ist vor allem darin zu sehen, dass Edin sich vollkommen integriert fühlt und sich als Deutscher sieht. Deshalb hat er sich auch noch keine Gedanken über diese Themen gemacht.

Auf Grundlage des geführten Interviews und meiner Interpretationen, schreibe ich dem Vereinssport keine Förderung der Dimension der Kulturation bei Edin zu.

- *Plazierung*

Edin fühlt sich sehr wohl in Deutschland und hat persönlich noch nie diskriminierende Erfahrungen gemacht. Er genießt großes Ansehen sowohl in seiner

Fußballmannschaft als auch in seiner Schulklasse. Zudem fühlt er sich sehr anerkannt und zeigt sich in seinem Auftreten als ein sehr selbstbewusster Jugendlicher.

Ob der (Schul-)Sport zu seinen Akzeptanz- und Anerkennungsgefühlen beiträgt, ist aus dem Gespräch allerdings nicht hervorgegangen. Infolgedessen lassen sich keine Aussagen darüber machen, ob die Dimension der Plazierung durch den (Schul-)Sport gefördert wird.

- *Identifikation*

Edin fühlt sich vollkommen als Deutscher und blockt meinem Erachten nach seine kulturellen Wurzeln ab. Er grenzt sich von anderen Menschen mit Migrationshintergrund ab und tituliert diese sogar abwertend.

Es ist auf Grundlage des Gesprächs jedoch nicht feststellbar, ob der Vereinssport bei Edin Einfluss auf die Integrationsdimension der Identifikation hat.

5.4 Sirak

5.4.1 Kurzlebenslauf und Interaktion

Sirak ist zum Zeitpunkt des Interviews 16 Jahre alt und besucht eine neunte Klasse eines Gymnasiums im Kreis Esslingen. Er ist in Deutschland geboren, jedoch liegen seine kulturellen Wurzeln in Eritrea und Kroatien. Aufgrund dessen besitzt Sirak eine schwarze Hautfarbe.

Siraks Mutter ist in Eritrea geboren und im Alter von 18 Jahren aufgrund des Unabhängigkeitskrieges nach Deutschland geflohen. Sie arbeitet als Einzelhandelskauffrau in einem Supermarkt. Sein Vater ist in Kroatien geboren und folgte in den 1980er Jahren seinen Familienangehörigen nach Deutschland, die als Gastarbeiter den Weg in das Land fanden. Sirak hat drei Schwestern, von denen schon zweit älter als 20 Jahre alt sind und von zu Hause ausgezogen sind. Seine jüngere Schwester ist 15 Jahre alt und besucht die gleiche Schule wie Sirak. Sirak wohnt mit seinen Eltern und seiner jüngeren Schwester in einer geräumigen 4-Zimmer-Wohnung am Rande einer Kleinstadt.

Sirak spielt Fußball seitdem er vier Jahre alt ist und spielte schon bei vier verschiedenen Vereinen. Seit drei Jahren spielt er beim TV Musterstadt. Nach seinem Abitur würde Sirak gerne Sportökonomie studieren.

Sirak war während des gesamten Interviews sehr offen und zeigte großes Interesse an meiner Untersuchung. Auch nach dem Gespräch stellte er mir einige Fragen zu meiner Arbeit und erzählte von seinen Zukunftsplänen.

5.4.2 Deskription

- *Integration*

Sirak beschreibt den Begriff Integration größtenteils unter Verwendung des Begriffs Anpassung. Demnach versteht er Integration im Sinne einer Assimilation:

> „Also allgemein halt Anpassung in die Gesellschaft und sich den allgemeinen Gesetzen und Ordnungen anpassen. Gut mit den Leuten klarkommen und nach denen ihren Gesetzen leben. Ja (.), das ist Integration für mich" (Interview Sirak, Z. 45-47).

Sirak meint, dass die Anpassung schon im Kindesalter beginnen sollte:

> „[...] schon im Kindergarten versuchen das Kind auf die neue Sitte, sage ich jetzt mal, einzuweisen oder die neue Kultur zu lernen und nicht auf die alte sich zu beruhen, weil dann wird es das Kind noch schwieriger haben sich irgendwo anzupassen" (IS, Z. 60-63).

Für eine gelingende Integration ist Siraks Meinung nach von großer Bedeutung, dass man die Sprache des Aufnahmelandes beherrscht und Anschluss an Menschen findet:

> „Also allgemein halt die Sprachkenntnisse als allererstes zu erlernen und dann halt versuchen einen guten und freundlichen Umgang mit allen Personen und mit denen in Verbindung zu setzen und auch versuchen nicht nur für das eigene Wohl sich irgendetwas zu erschaffen oder sonstiges, sondern auch darauf zu achten, was seine Mitmenschen oder ich sage jetzt mal, vielleicht kommenden Arbeitskollegen oder sowas /, Damit man halt versucht sich in dem Sinne anzupassen, damit auch andere sich in seinem eigenen Umfeld wohl fühlen" (IS, Z. 396-402).

Sirak fühlt sich persönlich integriert und sieht sich auch als Deutscher (vgl. IS, Z. 77-81).

- *Freundschaftsnetzwerke*

Siraks enger Freundeskreis besteht aus Jugendlichen aus dem Libanon und Deutschland. Sirak fügt dem hinzu, dass seine libanesischen Freunde ebenfalls integriert sind und sich als Deutsche fühlen (vgl. IS, Z. 128-131). Dieser Freundeskreis ist unabhängig vom Sporttreiben entstanden (vgl. IS, Z. 135). Dennoch konnte Sirak durch die Mitgliedschaft in Sportvereinen viele Freundschaften knüpfen. Weil er schon bei vier verschiedenen Vereinen spielte, hatte Sirak die Möglichkeit viele Menschen kennenzulernen:

> „Ja, also sehr viele sogar. Zum Beispiel jetzt /, da ich in mehreren Vereinen war, habe ich viele neue Freundschaften geknüpft und die sind jetzt immer noch weiterhin vorhanden. Und wir gehen öfters etwas trinken oder sonstiges. Aber da wir alle ein bisschen weiter weg wohnen ist es halt schwer sich immer mal zu treffen. Ja, aber der Freundeskreis ist halt schon noch erhalten. Also durch den Sport habe ich sehr viele Freunde gefunden" (IS, Z. 142-146).

Auch durch den Schulsport bildeten sich enge Beziehungen zu Klassenkameraden, die zu Freundschaften wurden. Sirak setzt den Schulsport hinsichtlich der Möglichkeiten Freundschaften zu bilden mit dem Vereinssport gleich (vgl. IS, Z. 286-293). Sirak hält zudem fest, dass sich die Freundschaften ohne den Schulsport nicht gebildet hätten und macht dabei die besondere Stärke des Schulfaches Sport deutlich:

> „Nein, ich denke nicht, weil im Unterricht unterhält man sich ja nicht wirklich, sondern muss sich nur auf seine Sachen konzentrieren und man muss halt immer aufpassen, was der Lehrer sagt. Das ist ja selbstverständlich. Aber im Schulsport hat man halt die Möglichkeit sich mit anderen Leuten in Kontakt zu setzen oder in Verbindung zu setzen und sozusagen sich auch über das Privatleben durch jetzt sage ich mal, durch verschiedene Sportarten zu unterhalten. Also durch persönliche Erfahrungen oder so etwas" (IS, Z. 298-303).

- *Sprache*

Sirak spricht nicht die Sprachen der Herkunftsländer seiner Eltern. Er bedauert dies: „Das wäre schon gut. Ich weiß auch nicht wieso meine Eltern mir das nicht beigebracht haben (lacht)" (IS, Z. 94-95).

Aufgrund der Tatsache, dass Sirak ausschließlich die deutsche Sprache beherrscht, konnte ich Sirak in dieser Kategorie nicht die Fragen stellen, die ich den anderen Jugendlichen stellte. Weil Sirak perfektes Deutsch spricht und es seine Muttersprache ist, kann der Vereinssport seine Sprachkenntnisse auch nicht weiter fördern.

- *Anerkennung und Akzeptanz*

Sirak fühlt sich Deutschland zugehörig und in diesem Land sehr wohl. (vgl. IS, Z. 85). Auch beim TV Musterstadt sowie bei seinen vorigen Vereinen fühlte er sich immer wohl und von den Vereinsorganisatoren und Mitspielern akzeptiert (vgl. IS, Z. 209-212, 216-217).

Sirak schätzt seinen Status in der Mannschaft relativ hoch ein und begründet dies mit seiner guten fußballerischen Fähigkeit:

> „Also im Verein würde ich sagen, da ich jetzt wieder zurück gewechselt bin und mich auch die Trainer darum gebeten haben, dass ich wieder komme [...] würde ich schon sagen, dass ich da etwas besser angesehen bin. [...] Also ich bin da schon gut angesehen, weil ich halt ein guter Spieler bin (lacht)" (IS, Z. 318-320, 323).

Sirak äußert zudem, dass er sich durch die Mitgliedschaft im Sportverein in Deutschland wohler und anerkannter fühlt (vgl. IS, Z. 377-380).

Auch in seiner Schulklasse schätzt er seinen Status hoch ein und begründet dies wieder mit seiner guten sportlichen Leistung (vgl. IS, Z. 332-337). Jedoch ist Sirak nicht der Meinung, dass man durch gute sportliche Leistungen unbedingt beliebter bei den Klassenkameraden wird (vgl. IS, Z. 350-352).

- *Menschen mit Migrationshintergrund im Sportverein*

Sirak machte die Erfahrung, dass Trainer mit Migrationshintergrund häufig zu ehrgeizig sind und mit den Spielern im Jugendalter zu streng umgehen. Als Beispiel nennt er seinen jetzigen Trainer (vgl. IS, Z. 184-187). Dennoch ist es Sirak egal, ob er von einem Menschen mit oder ohne Migrationshintergrund trainiert wird, solange der Trainer integriert ist und vom Fußball etwas versteht:

> „Ja, das ist eigentlich /, ich finde, solange sie sich alle integriert haben oder sich angepasst haben /, finde ich es eigentlich nicht schlimm. Also sie müssen eigentlich nur alles verstehen, was sie jetzt sozusagen in ihrem Fach durchziehen, aber ansonsten wenn es ein guter Trainer ist, dann spielt es gar keine Rolle aus welchem Land der kommt oder sonstiges" (IS, Z. 192-195).

Sirak ist außerdem der Meinung, dass Trainer mit Migrationshintergrund besonders auf Jugendliche, die ebenfalls einen Migrationshintergrund haben, positive Auswirkungen haben können:

> „Ja, sicherlich, weil sie fühlen sich bei dem vielleicht wohler. Dann könnten sie allgemein ein bisschen noch ihre eigene Kultur mit einbringen. Ja, und halt /, vielleicht sehen die dann den Trainer als nähere Kontaktperson, wo sie sich vielleicht auch ein bisschen wohler fühlen und könnten so vielleicht auch besser gefördert werden" (IS, Z. 201-204).

- *Werte und Normen*

Sirak erklärt, dass er durch den Vereinssport „[...] die Disziplin und das Akzeptieren von Sachen [...]" (IS, Z. 233-234) verinnerlichte. Mit „Akzeptieren von

Sachen" meint Sirak die Akzeptanz von Regeln und Entscheidungen sowie die Bereitschaft, trotz Rückschlägen, weiter zu kämpfen:

> „Also allgemein /, es bringt jetzt nichts sich über Sachen aufzuregen, die schon passiert sind, sondern man muss halt weiter gehen und versuchen das Beste daraus zu machen. Und jetzt sage ich mal, so in der Fußballsituation /, zum Beispiel wenn der Schiri jetzt pfeift, dann ist die Aktion auch vorbei und dann lohnt es sich nicht noch einmal nachzuhaken und ja" (IS, Z. 238-241).

- *Akzeptanz der Regeln*

Sirak akzeptiert die Regeln im Sportverein und schreibt der Einhaltung dieser einen sehr großen Stellenwert zu:

> S: „Nein, also bei mir war es jetzt immer so, dass Disziplin eine große Rolle gespielt hat. Ich denke, man sollte sich daran halten, weil sonst vieles aus der Bahn geraten würde und es könnte auch sein, dass dadurch viel Streit entstehen würde, wenn jeder seinen eigenen Kopf oder so etwas durchsetzen möchte. Und ich denke eigentlich, dass Regeln im Verein sehr wichtig sind, dass man sich einfach, sage ich jetzt mal, dass jeder die gleichen Bedingungen hat für den jeweiligen Verein und somit auch gleichberechtigt wird" (IS, Z. 223-228).

Außerdem meint Sirak, dass er durch den Schulsport lernte, Regeln diszipliniert anzunehmen und diese zu akzeptieren (vgl. IS, Z. 234-235, 238-241).

- *Interkulturelles Lernen*

Sirak wurde weder im Schul- noch im Vereinssport mit interkulturellen Inhalten konfrontiert (vgl. IS, Z. 267, 279). Dennoch konnte er seine interkulturellen Kompetenzen durch Gespräche mit Klassenkameraden verbessern: „Wir erzählen uns halt gegenseitig, was in den jeweiligen Ländern sozusagen für Bräuche und Sitten sind" (IS, Z. 258-259). Sirak äußert Interesse an interkulturellen Inhalten im Schulsport und versucht gleichzeitig klar zu machen, dass seine interkulturellen Kompetenzen bereits gut entwickelt sind:

> „Ja also interessant ist es schon und würde mich schon interessieren, aber ich denke jetzt mal, da ich mich schon hier deutsch fühle, denke ich, dass es für mich eigentlich Alltag ist, aber mit anderen Kulturen, sage ich jetzt mal, sich auseinanderzusetzen wäre eigentlich schon interessant" (IS, Z. 272-275).

- *Integration durch Vereinssport*

Sirak drückt aus, dass der Vereinssport ein wichtiger Teil in seinem Leben darstellt und zu seiner persönlichen Integration beigetragen hat:

> „Ich denke mal ja, weil seitdem /, ich würde jetzt mal sagen meine Eltern konnten jetzt nicht perfekt Deutsch, also sie haben selbst noch gelernt, aber durch den

Sport hat man halt auch wieder viele neue Erfahrungen knüpfen können und ich sage jetzt mal, es hat auch einen ziemlich großen Schritt, also mich persönlich einen ziemlich großen Schritt nach vorne gebracht, da ich einfach wieder neue Sachen kennengelernt habe oder auch sozusagen neue Sachen mir beigebracht wurden und die haben sich dann auch ziemlich in meinem Leben sichtbar gemacht, indem ich jetzt versucht habe immer die richtigen Sachen umzusetzen und mich halt auch versucht habe an die Sachen, also beziehungsweise Regeln und Normen in der Gesellschaft also anzupassen und auch die beizubehalten" (IS, Z. 406-414).

Zudem ist Sirak der Ansicht, dass der Vereinssport ein integratives Potenzial besitzt (vgl. IS, Z. 418-424).

5.4.3 *Interpretation*

- *Interaktion*

Siraks derzeitiger Freundeskreis besteht aus Jugendlichen aus dem Libanon und aus Deutschland. Dieser gründete sich unabhängig vom Schul- und Vereinssport. Dennoch machte Sirak durch die Mitgliedschaft in vier verschiedenen Vereinen viele Bekanntschaften mit Jugendlichen, woraus auch Freundschaften entstanden. Auch durch den Schulsport lernte er seine Mitschüler besser kennen und schloss mit einigen Freundschaften.

Infolgedessen würde ich dem Schul- und Vereinssport die Förderung der Integrationsdimension der Interaktion bei Sirak zuschreiben.

- *Kulturation*

Sirak spricht nicht die Sprachen der Herkunftsländer seiner Eltern. Deutsch ist demzufolge seine Muttersprache, die er auch perfekt spricht. Aufgrund dieser Tatsache, kann der Vereinssport die Sprachkenntnisse von Sirak nicht fördern.

Sirak wurde durch den Vereinssport disziplinierter und lernte Regeln und Entscheidungen zu akzeptieren. Sirak ist der Meinung, dass er dadurch typisch deutsche Werte und Normen verinnerlichte.

Ob der Vereinssport die Dimension der Kulturation bei Sirak fördert, ist nur schwer zu sagen. Der zentralste Grund hierfür ist sicherlich, dass Sirak sich vollkommen integriert und Deutsch fühlt. Er machte sich somit bisher wenige Gedanken über diese Themen. Dennoch bin ich der Meinung, dass Sirak durch den Sportverein kulturelle Werte und Normen verinnerlichte, was sicherlich für die Kulturation förderlich ist.

- *Plazierung*

Sirak fühlt sich in Deutschland wohl und vollkommen akzeptiert. Er machte bisher auch keine diskriminierenden Erfahrungen. In der Fußballmannschaft und in der Schulklasse genießt er großes Ansehen und fühlt sich anerkannt. Sirak meint, dass er dieses Ansehen durch gute sportliche Leistungen im Sportverein sowie im Sportunterricht erreichte. Dies fördert folglich die Ausbildung von Akzeptanz- und Anerkennungsgefühlen. Zudem bin ich der Ansicht, dass dies bei ihm zu einer Stärkung seines Selbstbewusstseins führt.

Schlussfolgernd deute ich aus den Aussagen Siraks, dass er durch den (Schul-)Sport Fähigkeiten bzw. Eigenschaften erwirbt, die die Dimension der Plazierung fördern könnten.

- *Identifikation*

Sirak ist in Deutschland geboren und fühlt sich auch als Deutscher. Ob der Vereinssport Einfluss auf seine Identifikation mit diesem Land hat, ist aus dem Gespräch jedoch nicht hervorgegangen.

6 Fazit

6.1 Zusammenfassung und Diskussion der zentralen Ergebnisse

Nachfolgend werden die zentralen Ergebnisse der vier problemzentrierten Interviews zusammengefasst. Dabei wird diskutiert, ob der (Schul-)Sport die Integration der vier Schüler mit Migrationshintergrund fördern konnte bzw. kann. Die Ergebnisse werden nach den vier Dimensionen der Integration nach Esser dargestellt. Dies dient der Übersichtlichkeit und daraus wird ersichtlich, welche Dimensionen durch den (Schul-)Sport besonders gefördert werden können.

- *Interaktion*

Alle der interviewten Schüler mit Migrationshintergrund konnten durch den Schul- und Vereinssport viele *Kontakte und Bekanntschaften* mit anderen Jugendlichen knüpfen. Aus vielen dieser Bekanntschaften entstanden *Freundschaften*, wie es die Einzelfälle Edin, Rafael und Sirak zeigen. Der Fall Petrit macht jedoch deutlich, dass durch den (Schul-)Sport nicht automatisch Freundschaften gebildet werden. Besonders wegen seinem negativen Menschenbild konnte Petrit bisher keine engen Beziehungen zu anderen Jugendlichen ausbilden. Durch diesen Einzelfall wird gezeigt, dass die Förderung der Dimension der Interaktion von vielen Faktoren abhängt.

Die vier befragten Schüler sind der Meinung, dass der (Schul-)Sport für sie das Knüpfen von Kontakten und Bekanntschaften stark erleichterte. Sie stellen zudem fest, dass das Schulfach Sport hinsichtlich einer Bildung von Beziehungen große Vorteile gegenüber anderen Fächern besitzt. Sie äußern, dass sie diese Vorteile nutzen konnten.

Schlussfolgernd kann man sagen, dass der Schul- sowie der Vereinssport gute Möglichkeiten bereit hält Beziehungen zu anderen Menschen aufzubauen. Damit kommt diese Untersuchung hinsichtlich einer Ausbildung von Freundschaftsbeziehungen zu ähnlichen Ergebnissen wie Kleindienst-Cachay und Kuzmik (vgl. 2007, S. 12 f.) und Gerber, Gerlach und Pühse (vgl. 2011, S. 232 ff.). Diese konstatieren ebenfalls, dass der Sportverein die Freundschaftsbildung unterstützt. Die vorliegende Untersuchung zeigt außerdem, dass auch der Schulsport zu einer Freundschaftsbildung beitragen kann.

Der Fall Petrit zeigt, dass es jedoch von vielen Faktoren abhängt, ob dieses Potenzial genutzt werden kann. Zu den Faktoren gehören beispielsweise die eigene Offenheit gegenüber Menschen, die Offenheit der Mitspieler bzw. Schüler gegenüber Menschen sowie der eigene Wille Bekanntschaften zu machen. Nur wenn sich diese Faktoren gegenseitig nicht hemmen, kann der (Schul-)Sport die Dimension der Interaktion fördern.

- *Kulturation*

Petrit und Rafael konnten durch den Vereinssport ihre *Deutschkenntnisse* verbessern. Bei Edin und Sirak ist jedoch kein Zusammenhang zwischen der Mitgliedschaft im Sportverein und einer Verbesserung des Sprachniveaus erkennbar.

Die Aussagen der Schüler machen deutlich, dass es von vielen Faktoren abhängig ist, ob durch eine Mitgliedschaft im Sportverein die Sprachkenntnisse von Menschen mit Migrationshintergrund verbessert werden können. Durch die Fälle Petrit und Rafael wird klar, dass der Sportverein besonders dann die Sprachkenntnisse verbessern kann, wenn das eigene Sprachniveau noch ausbaufähig ist. Zudem ist es von großer Bedeutung, dass relativ viele Menschen ohne Migrationshintergrund in der Mannschaft vorhanden sind, mit denen sich die Menschen ohne Migrationshintergrund auf einem guten Niveau unterhalten können. Ebenfalls hängt es natürlich vom eigenen Wille ab, die Sprache zu erlernen. Die Fälle Edin und Sirak zeigen, dass der Verein auf Jugendliche mit Migrationshintergrund hinsichtlich einer Sprachförderung auch keinen Einfluss haben kann. Dieses ist vor allem dann der Fall, wenn es sich bei den Jugendlichen mit Migrationshintergrund, wie bei Edin und Sirak, um Menschen handelt, die bereits über ausgezeichnete Deutschkenntnisse verfügen.

Aus den Interviews ging hervor, dass die Jugendlichen weder im Schul- noch im Vereinssport mit *interkulturellen Inhalten* konfrontiert wurden. Jedoch würden sich die Schüler das wünschen und sehen fremde Kulturen als interessant an. Dies macht deutlich, dass ein interkulturelles Lernen stark vom Lehrer bzw. Trainer abhängig ist, der die Lernprozesse anleiten muss. Damit werden die Aussagen des DSJ (vgl. 2010, S. 47) bestätigt, die beinhalten, dass interkulturelles Lernen nur angeleitet werden kann, wenn auch die Trainer interkulturell kompetent sind. Weil die Jugendlichen keine Erfahrungen mit interkulturellen Inhalten machten, können keine gültigen Aussagen darüber gemacht werden, ob ein interkulturelles Lernen die Integration fördern kann.

Die Bundesregierung (vgl. 2010, S. 140) ist der Ansicht, dass besonders Menschen mit Migrationshintergrund dafür geeignet sind, um interkulturelles Lernen anzuleiten. Infolgedessen fordern sie eine Verstärkung deren Präsenz in Sportvereinen. Die befragten Schüler sind hinsichtlich dieses Aspekts gespaltener Meinung. Edin und Sirak, die sich als besonders integriert ansehen, wünschen sich nicht mehr Menschen mit Migrationshintergrund im Sportverein. Auch Rafael wünscht sich eher mehr Vereinsorganisatoren ohne Migrationshintergrund, an denen man sich orientieren kann. Nur Petrit, der keine große Anerkennung und Akzeptanz erfährt, wünscht sich mehr Menschen mit Migrationshintergrund im Verein. Er meint, dass er sich mit diesen besser identifizieren kann und diese besser auf seine Bedürfnisse eingehen. Seine Meinung könnte ihren Ursprung darin haben, dass Petrit diskriminierende Erfahrungen mit Trainern ohne Migrationshintergrund machte. Dies zeigt wie komplex und multikausal Einstellungen zum Thema Integration sein können. Dennoch könnte man hieraus deuten, dass Trainer mit Migrationshintergrund besonders für das Wohlbefinden von Jugendlichen mit Migrationshintergrund förderlich sind, die sich wenig akzeptiert und anerkannt fühlen. Ob Menschen mit Migrationshintergrund die Integration fördern können, geht aus den Interviews allerdings nicht hervor.

Es stellte sich als ein Problem dar herauszufinden, ob die Jugendlichen kulturelle *Werte und Normen* durch den Sportverein verinnerlichten. Als Gründe hierfür sind sicherlich zu nennen, dass die Fragen in dieser Kategorie nicht angemessen formuliert wurden. Zudem war nicht ganz klar, was eigentlich unter deutschen Werten und Normen zu verstehen ist. Dies machte es für die Jugendlichen sehr schwer auf die Fragen zu antworten. Infolge dessen können auf Grundlage der Interviews auch keine gültigen Aussagen darüber gemacht werden, ob Werte und Normen durch den Vereinssport verinnerlicht werden können. Dennoch kann man in diesem Zusammenhang ein Ergebnis festhalten: Durch Edins Aussagen wird deutlich, dass besonders Jugendliche mit Migrationshintergrund, die sich sehr mit Deutschland verbunden fühlen und sich auch als Deutsche fühlen, in dieser Kategorie kaum gefördert werden können. Diese Menschen machen sich darüber auch keine Gedanken, da sie die Normen und Werte schon innehaben.

Aus denselben Gründen war es auch nur sehr schwer herauszufinden, ob die Jugendlichen mit Migrationshintergrund durch die Mitgliedschaft im Sportverein die *Akzeptanz von Regeln* lernten. Es ist zu schwer für die Jugendlichen zu reflektieren, ob sie diese Kompetenz durch den Sport oder durch einen anderen gesellschaftlichen Bereich erlernten.

Die Ausführungen machen deutlich, dass es von einigen Faktoren abhängt, ob die Dimension der Kulturation durch den Vereinssport gefördert wird. Jedoch wird deutlich, dass besonders Jugendliche mit Migrationshintergrund, die über keine perfekten Sprachkenntnisse verfügen und noch nicht deutsche Normen und Werte verinnerlichten, in dieser Dimension durch den Verein gefördert werden können.

- *Plazierung*

Durch die Interviewaussagen sollte nicht ersichtlich werden, ob die Schüler mit Migrationshintergrund durch die Mitgliedschaft im Sportverein bessere Chancen auf eine Arbeitsstelle bekommen. Dies würde die integrative Kraft des Sportvereins sicherlich überschätzen. Es sollte durch die Untersuchung herausgefunden werden, ob die Jugendlichen durch den Vereinssport *Eigenschaften* (beispielsweise Selbstbewusstsein oder Anerkennungsgefühl) erwerben, *die für das Finden einer Arbeitsstelle förderlich sind*.

Die Ergebnisse der Interviews zeigen, dass es von sehr vielen Faktoren abhängt, ob diese Eigenschaften durch den (Schul-)Sport erworben werden oder nicht. Der Fall Petrit zeigt, dass der Trainer viel Einfluss auf die Ausbildung von Selbstbewusstsein haben kann. Die Fälle Edin, Rafael und Sirak machen deutlich, dass der (Schul-) Sport besonders die Ausbildung der Eigenschaften fördern kann, wenn die Individuen gute sportliche Leistungen bringen. Dadurch genießen die Jugendlichen in ihrer Mannschaft als auch zum großen Teil in der Schulklasse hohes Ansehen. Hieraus kann das Selbstbewusstsein gewonnen werden. Jedoch ist der Faktor der Leistung ziemlich kritisch zu betrachten. Jugendliche wie beispielsweise Petrit, die relativ schlechte sportliche Leistungen bringen, haben weniger Chancen durch den (Schul-) Sport Anerkennung und Selbstbewusstsein zu erlangen. Auch Kleindienst-Cachay (vgl.

2007, S. 71) warnt davor die sportliche Leistung überzubewerten, da diese nicht immer vorhanden sein kann. Folglich kann die Untersuchung von Burrmann, Mutz und Zender (vgl. 2011, S. 259 ff.), die herausfand, dass sportvereinsorganisierte Jugendliche mit Migrationshintergrund über ein höheres Akzeptanzgefühl verfügen, nur bedingt bestätigt werden.

- *Identifikation*

Nur bei Petrit hatte der Vereinssport Auswirkungen auf die Identifikation mit Deutschland. Er konnte dadurch eine Art „Wir-Gefühl" aufbauen. In den anderen Fällen konnte kein Zusammenhang zwischen der Mitgliedschaft im Sportverein und der Förderung der Dimension der Identifikation festgestellt werden. Auf Grundlage der Ergebnisse lassen sich allerdings keine gültigen Aussagen darüber machen, ob und unter welchen Umständen der Vereinssport die Dimension der Identifikation fördern kann.

Abschließend soll auf Grundlage der Interviews die Forschungsfrage beantwortet werden: *Kann der (Schul-)Sport die Integration von Schülern mit Migrationshintergrund fördern?*

Die Ergebnisse machen klar, dass der Schul- und Vereinssport besonders großes Potenzial besitzt, die Integrationsdimension der *Interaktion* zu fördern. Durch den (Schul-)Sport können also viele soziale Kontakte geknüpft werden. Jedoch ist an dieser Stelle anzumerken, dass die Freundschaftsbildung von einigen Faktoren[65] abhängig ist und nicht automatisch geschieht. Zudem wurde aus den Interviews ersichtlich, dass der Vereinssport förderlich für die Entwicklung der Sprachkompetenz sein kann und demnach die Dimension der *Kulturation* fördern kann. Jedoch geschieht dies ebenfalls nur unter bestimmten Bedingungen[66]. Dies verdeutlicht, dass Integration ein multifaktorieller Prozess ist.

Für die weiteren Dimensionen *Plazierung* und *Identifikation* ließen sich bei den Jugendlichen mit Migrationshintergrund keine Förderungen durch den (Schul-)Sport nachweisen.

---

[65] Die für die Freundschaftbildung maßgeblichen Faktoren wurden bereits weiter oben im Kapitel genannt.
[66] Die für die Förderung der Sprachkompetenz maßgeblichen Faktoren wurden bereits weiter oben im Kapitel genannt

Schlussfolgernd lässt sich sagen, dass Integration durch (Schul-)Sport sicherlich nicht dem Reich der Mythen zuzuordnen ist. Denn eine Integration durch Sport ist möglich! Jedoch kann man nicht pauschalisierend behaupten, dass Integration durch (Schul-)Sport automatisch und immer gelingt. Zentraler Grund hierfür ist, dass Integration ein multifaktorieller Subjektprozess ist. Dies hat zur Folge, dass man jedes Individuum mit seinen spezifischen Ausgangsbedingungen einzeln betrachten muss. Allgemein gültige Aussagen lassen sich demnach nicht treffen. Zudem zeigen die Interviews, dass (Schul-)Sport alleine nicht integrieren kann, da er keine Berufe vermittelt. Somit kann er lediglich die Integration fördern, indem er Grundlagen für eine erfolgreiche Integration schafft. Aufgrund der Tatsache, dass durch den (Schul-) Sport die bedeutendsten Integrationsdimensionen Interaktion und Kulturation gefördert werden können, hält er ein großes integratives Potenzial bereit, das von Jugendlichen mit Migrationshintergrund unter bestimmten Bedingungen genutzt werden kann. Zu diesen Bedingungen zählen besonders die Offenheit des Subjekts, die Offenheit der Aufnahmegesellschaft und der Wille des Subjekts am gesellschaftlichen Leben teilzunehmen. Wenn diese Bedingungen existent sind und sich gegenseitig nicht hemmen, dann kann der (Schul-)Sport die Integration von Jugendlichen mit Migrationshintergrund fördern.

6.2 Reflexion der Untersuchung

Nachdem eine Untersuchung durchgeführt wurde, stellen sich für den Forscher die Fragen: „Was hätte ich besser machen können?" oder „Was hätte zu besseren Ergebnissen geführt?". Obwohl diese Untersuchung meines Erachtens zu sehr aufschlussreichen Ergebnissen führte, habe ich bei der Reflexion meiner Untersuchung Antworten auf die oben gestellten Fragen gefunden.

Ich bin der Meinung, dass eine andere *Auswahl der Interviewpartner* zu informativeren Ergebnissen hätte führen können. Interviewpartner, die den gleichen Migrationshintergrund besitzen, hätten eine bessere Vergleichbarkeit der Ergebnisse gewährleistet. Im Nachhinein bin ich zudem der Ansicht, dass es von Vorteil gewesen wäre, Jugendliche mit Migrationshintergrund zu wählen, die nicht in der gleichen Fußballmannschaft spielen. Dadurch wäre zwar die Vergleichbarkeit ein Stück weit reduziert worden, jedoch hätte man so das Thema

Integration durch Sport gegebenenfalls aus differenzierteren Perspektiven betrachten können.

Auch den *Interviewleitfaden* würde ich im Nachhinein anders erstellen. Meines Erachtens umfasst der Leitfaden zu viele Kategorien. Eine geringere Anzahl von Kategorien hätte den Vorteil, dass die Fragen differenzierter gestellt werden könnten. Besonders die Fragen in der Kategorie *Werte und Normen* wurden zu oberflächlich gestellt, so dass es zu keinen aussagekräftigen Ergebnissen kommen konnte.

Während der Durchführung der Untersuchung stellte ich mir außerdem die Frage, ob die *Fragestellung der Untersuchung* nicht zu weit formuliert ist. Der Begriff der Integration ist ein ziemlich komplexer und weitreichender Begriff, was die Auseinandersetzung mit diesem so anspruchsvoll macht. Möglicherweise wäre es von Vorteil gewesen nur eine Dimension der Integration zu betrachten und zu untersuchen, ob der (Schul-)Sport diese bei Jugendlichen mit Migrationshintergrund fördern kann. So hätte man eine Dimension genauer beleuchten und damit zu spezifischeren Ergebnissen kommen können. Ebenfalls stellte ich mir die Frage, ob es nicht zu klareren Ergebnissen geführt hätte, wenn nur eines der Themenfelder, also der Schul- oder der Vereinssport, im Zentrum der Untersuchung gestanden hätte. So hätte man genauer auf die jeweilige Institution eingehen können und hätte möglicherweise klarere Ergebnisse erhalten.

6.3 Ausblick

- *Ausblick auf die sportsoziologische Forschung*

Bei Betrachtung des aktuellen Forschungsstandes fällt auf, dass es im Vergleich zu quantitativen nur sehr wenige qualitative Studien zum Themenkomplex Integration und Sport gibt. Dabei wurden bisher besonders männliche Jugendliche mit Migrationshintergrund von sportsoziologischen Untersuchungen vernachlässigt. Hier besteht also noch außerordentlicher Handlungsbedarf.

Besonders sollten in der Zukunft Studien durchgeführt werden, die Jugendliche ins Zentrum der Betrachtung stellen, deren kulturellen Wurzeln allesamt im selben Land liegen. Dadurch wäre eine bessere Vergleichbarkeit gewährleistet.

Durch die Fälle Edin und Sirak wird deutlich, dass es sich als Problem darstellt, Aussagen über Jugendliche mit Migrationshintergrund hinsichtlich einer Förderung ihrer Integration durch (Schul-)Sport zu machen, wenn diese schon über gute Deutschkenntnisse verfügen und die kulturellen Werte und Normen verinnerlicht haben. Insofern wäre es für zukünftige Studien sicherlich sinnvoll, Jugendliche zu untersuchen, deren Integrationsbedingungen relativ erschwert sind (z.B. durch einen schwachen sozioökonomischen Status der Familie oder schlechte Sprachkenntnisse). Denn besonders diese Jugendlichen sollen in ihrem Integrationsprozess unterstützt werden.

Möglicherweise wäre es zudem sinnvoll nicht zu untersuchen, ob der Sport den gesamten Integrationsprozess, sondern nur Teilaspekte davon fördern kann. Dadurch könnte ermittelt werden, welche Aspekte besonders durch den Sport gefördert werden können. Eventuell wäre es auch ratsam zwischen verschiedenen Sportarten zu unterscheiden, damit herausgefiltert werden kann, welche Sportarten über ein besonderes integratives Potenzial verfügen.

Diese Untersuchung konnte nicht die integrative Wirkung von Sport-AGs untersuchen. Auch in der Sportsoziologie wurden kaum Studien zu AGs durchgeführt. Hier sollte noch einiges getan werden, da das integrative Potenzial der AG meiner Meinung nach stark unterschätzt wird.

- *Ausblick auf die sportunterrichtliche Praxis*

Die Ergebnisse dieser Untersuchung und der Blick auf die sportsoziologische Literatur machten deutlich, dass Schüler im Sportunterricht kaum mit interkulturellen Inhalten konfrontiert werden. Dies wird von den Lehrern stark vernachlässigt. Ebenfalls wird dieser Themeninhalt in der Aus- und Fortbildung der Sportlehrkräfte bisher stark vernachlässigt. Nur wenn die Lehrer interkulturell kompetent sind, kann das integrative Potenzial des Schulfaches Sport ausgeschöpft werden. Hier besteht also noch starker Handlungsbedarf.

- *Ausblick auf den Vereinssport*

Die Ergebnisse der Interviews dieser Untersuchung zeigen, dass im Vereinssport die Leistung für die Ausbildung von Anerkennungs- und Akzeptanzgefühlen eine maßgebliche Rolle spielt. Die Verantwortlichen der Sportvereine sollten in der Zukunft zumindest phasenweise versuchen die Komponente der

Leistung bei Seite zu schieben, um interkulturelle Inhalte zum Tragen kommen zu lassen. Dies würde das integrative Potenzial des Sportvereins sicherlich verstärken.

Diese Untersuchung konnte die Frage, ob sich Menschen mit Migrationshintergrund in der Vereinsorganisation förderlich auf die Integration Jugendlicher mit Migrationshintergrund auswirken, nicht beantworten. Nicht nur aus diesem Grund sollten die Sportvereine versuchen mehr Menschen mit Migrationshintergrund in die Organisation einzubinden. Die Politik und die Sozialwissenschaften schreiben diesem Aspekt großes Potenzial zu. Es wäre für die Vereine sicherlich von Vorteil zu überprüfen, welche Auswirkungen ein größerer Anteil von Menschen mit Migrationshintergrund auf die Jugendlichen hätte.

Quellenverzeichnis

Literaturquellen

Bade, K. J. (2006). *Sozialhistorische Migrationsforschung*. Göttingen: V&R unipress.

Bade, K. J. & Oltmer, J. (2004). *Normalfall Migration*. Bonn: Bundeszentrale für Politische Bildung.

Boos-Nünning, U. & Karakasoglu, Y. (2003). Kinder und Jugendliche mit Migrationshintergrund und Sport. In W. Schmidt, I. Hartmann-Tews & W.-D. Brettschneider (Hrsg.), *Erster Deutscher Kinder- und Jugendsportbericht* (2. Aufl., S. 319-338). Schorndorf: Hofmann.

Boos-Nünning, U. & Karakasoglu, Y. (2005). *Viele Welten leben. Zur Lebenssituation von Mädchen und jungen Frauen mit Migrationshintergrund*. Münster: Waxmann.

Burrmann, U., Mutz, M. & Zender, U. (2010). Integration von Jugendlichen mit Migrationshintergrund in Sport und Gesellschaft. In Bundesinstitut für Sportwissenschaft (Hrsg.), *BISp Jahrbuch - Forschungsförderung 2009/10* (S. 253-258). Bonn.

Burrmann, U., Mutz, M. & Zender, U. (2011). Integration von Jugendlichen mit Migrationshintergrund: Ein empirisch fundierter Vergleich zwischen Sportvereinen und Schulsport-AGs. *sportunterricht, 60*, S. 259-263.

Deutsche Sportjugend (DSJ) (2010). *Eine Frage der Qualität: Integration von Kindern und Jugendlichen mit Migrationshintergrund in den organisierten Sport*. Frankfurt a.M..

Deutsche Sportjugend (DSJ) (2010 a). *60 Jahre Deutsche Sportjugend. Statements zur Entwicklung in den Jahren 2000 bis 2010*. Frankfurt a. M..

Deutscher Olympischer Sportbund (DOSB) (2010). *Integration durch Sport. Programmkonzeption*. Frankfurt a. M..

Deutscher Sportbund (DSB) (2003). *Wissen für die Praxis: Integration im Sportverein*. Frankfurt a. M.

Deutscher Sportbund (DSB) (2004). *Sport und Zuwanderung. Grundsatzerklärung des Deutschen Sportbundes und seiner Mitgliederorganisationen*. Frankfurt a.M..

Esser, H. (1980). Aspekte der Wanderungssoziologie. Assimilation und Integration von Wanderern, ethnischen Gruppen und Minderheiten. Eine handlungsorientierte Analyse. In J. Berger, G. Büschges, J. Matthes & R. Wippler (Hrsg.), *Soziologische Texte* (Bd. 19). Darmstadt und Neuwied: Luchterhand Verlag.

Esser, H. (2000). Soziologie. *Spezielle Grundlagen. Band 2: Die Konstruktion der Gesellschaft* (3. Aufl.). Frankfurt, New York: Campus Verlag.

Esser, H. (2001). *Integration und ethnische Schlichtung*. Arbeitspapier 40, Mannheimer Zentrum für Europäische Sozialforschung. Universität Mannheim.

Fassmann, H. & Münz, R. (1996). Europäische Migration. Ein Überblick. In H. Fassmann, & R. Münz (Hrsg.), *Migration in Europa. Historische Entwicklung, aktuelle Trend, politische Reaktionen* (S. 13-52). Frankfurt a.M.: Campus Verlag.

Fussan, N. (2007). Integration von Jugendlichen mit Migrationshintergrund in Peer-Netzwerke: Sozialisationsvorteile sportvereinsorganisierter Jugendlicher? In T. No bis & J. Baur (Hrsg.), *Soziale Integration vereinsorganisierter Jugendlicher* (S. 298317). Köln: Sportverlag Strauß.

Fussan, N. & Nobis, T. (2007). Zur Partizipation von Jugendlichen mit Migrationshintergrund in Sportvereinen. In T. Nobis & J. Baur (Hrsg.), *Soziale Integration vereinsorganisierter Jugendlicher* (S. 277-297). Köln: Sportverlag Strauß.

Gebken, U. & Vosgerau, J. (2009). Soziale Integration. *sportpädagogik, 33* (5), S. 2-7.

Gerber, M., Barker, D., Barker-Ruchti, N., Gerlach, E., Sattler, S., Knöpfli, M., Müller, C. & Pühse, U. (2011). Sport und soziale Integration: Begriffsklärung und Konzeption der Basler SSINC-Studie. *sportunterricht, 60* (8), S. 227-231.

Gerber, M., Gerlach, E. & Pühse, U. (2011). Integration in den Sport – Integration durch Sport. Ausgewählte Befunde aus dem quantitativen SSINC Survey. *sportunterricht, 60*, S. 232-238.

Gerlach, E., Barker, D., Gerber, M., Knöpfli, M., Müller, C. & Pühse, U. (2011). Förderung interkulturellen Lernens im Sportunterricht – Ergebnisse der Programmdurchführung der SSINC-Interventionsstudie. *sportunterricht, 60*, S. 254-258.

Gieß-Stüber, P. & Grimminger, E. (2007). Sportpädagogische Herausforderungen durch eine multikulturelle Schülerschaft – Ein Plädoyer für die Ausbildung interkultureller Kompetenz von Sportlehrkräften. In W.-D. Miethling & P. Gieß-Stüber (Hrsg.), *Beruf: Sportlehrer/in* (S. 110-133). Baltmannsweiler: Schneider Verlag.

Gieß-Stüber, P. & Grimminger, E. (2008). Kultur und Fremdheit als sportdidaktische Perspektive. In H. Lange & S. Sinning (Hrsg.), *Handbuch Sportdidaktik* (S. 223-244). Balingen: Spitta.

Gornig, G. (2001). Die Definition des Minderheitenbegriffs aus historisch-völkerrechtlicher Sicht. In D. Blumenwitz, G. Gornig & D. Murswiek (Hrsg.), *Ein Jahrhundert Minderheiten- und Volksgruppenschutz* (S. 19-46). Köln: Wissenschaft und Politik.

Gudjons, H. (2008). *Pädagogisches Grundwissen. Überblick, Kompendium, Studienbuch*(10., aktualisierte Aufl.). Bad Heilbrunn: Klinkhardt.

Han, P. (2010). *Soziologie der Migration. Erklärungsmodelle, Fakten, Politische Konsequenzen, Perspektiven* (3., überarbeitete und aktualisierte Aufl.). Stuttgart: Lucius & Lucius.

Hoffmann-Nowotny, H.J. (1973*). Soziologie des Fremdarbeiterproblems. Eine theoretische und empirische Analyse am Beispiel der Schweiz.* Stuttgart: Ferdinand Enke Verlag.

Keim, S. (2003). *"So richtig deutsch wird man nie sein..."*. *Junge Migrantinnen und Migranten in Deutschland. Zwischen Integration und Ausgrenzung*. Frankfurt a.M.: IKO-Verlag für Interkulturelle Bildung.

Keltek, T. (2006). Sport als Mittel zur Integration. In D. Blecking & P. Gieß-Stüber (Hrsg.), *Sport bewegt Europa. Beiträge zur interkulturellen Verständigung* (S.62-64). Hohengehren: Schneider Verlag.

Kleindienst-Cachay, C. (2007). *Mädchen und Frauen mit Migrationshintergrund im organisierten Sport. Ergebnisse zur Sportsozialisation – Analyse ausgewählter Maßnahmen zur Integration in den Sport*. Baltmannsweiler: Schneider Verlag.

Kleindienst-Cachay, C. & Kuzmik, C. (2007). Fußballspielen und jugendliche Entwicklung türkisch-muslimischer Mädchen. Ergebnisse einer Interviewstudie. *sportunterricht, 56*, S. 11-15.

Kleinschmidt, H. (2011). *Migration und Integration. Theoretische und historische Perspektiven*. (Reihe Theorie und Geschichte der bürgerlichen Gesellschaft, Bd. 24). Münster: Westfälisches Dampfboot.

Krüger-Potratz, M. (2009). Migration als "Normalfall der Geschichte". Fakten zum Einwanderungsland Deutschland [Themenheft Migration]. *Schüler. Wissen für Lehrer, 2009* (1). Seelze: Friedrich Verlag.

Lamnek, S. (2005). *Qualitative Sozialforschung. Lehrbuch* (4., vollständig überarbeitete Aufl.). Weinheim und Basel: Beltz Verlag.

Mayring, P. (2002). *Einführung in die qualitative Sozialforschung. Eine Anleitung zu qualitativem Denken* (5. Aufl.). Weinheim und Basel: Beltz Verlag.

Oswald, I. (2007). *Migrationssoziologie*. Konstanz: UVK Verlagsgesellschaft.

Pries, L. (2001). *Internationale Migration*. Bielefeld: transcript Verlag.

Reinprecht, C. & Weiss, H. (2011). Migration und Integration: Soziologische Perspektiven und Erklärungsansätze. In J. Dahlvik & H. Fassmann (Hrsg.), *Migrations- und Integrationsforschung – multidisziplinäre Perspektiven* (S. 13-32). Göttingen: V&R unipress.

Santel, B. (2007). In der Realität angekommen: Die Bundesrepublik Deutschland als Einwanderungsland. In W. Woyke (Hrsg.), *Integration und Einwanderung. Eine Einführung*. Schwalbach: Wochenschau Verlag.

Schnell, R., Hill, P. B. & Esser, E. (2011). *Methoden der empirischen Sozialforschung* (9., aktualisierte Auflage). München: Oldenbourg Verlag.

Schramkowski, B. (2007). *Integration unter Vorbehalt. Perspektiven junger Erwachsener mit Migrationshintergrund*. Frankfurt a.M., London: IKO - Verlag für Interkulturelle Kommunikation.

Teubert, H. & Kleindienst-Cachay, C. (2010). Kinder und Jugendliche mit Migrationshintergrund im Schulsport – Chancen und Probleme. *sportunterricht, 59*, S.206-210

Thiel, A. & Seiberth, K. (2007). Die Integration von Menschen mit Migrationshintergrund im Sport - Möglichkeiten und Grenzen. In A. Horn & J. Keyßner (Eds.), *Sport integriert- integriert Sport* (S. 39-54). Schwäbisch Gmünd: Gmünder Hochschulreihe.

Treibel, A. (2003). *Migration in modernen Gesellschaften. Soziale Folgen von Einwanderung, Gastarbeit und Flucht* (3. Aufl.). Weinheim und München: Juventa Verlag.

Volk, A., Eckhardt, M. & Zulauf, T. (2007). Integrations- und Kooperationsverhalten von Migrant/innen im Schulsport. Eine empirische Untersuchung zwischen traditionellem und erlebnispädagogisch orientiertem Sportunterricht. *sportunterricht, 56,* S. 139-144.

Vosgerau, J. (2009). Aus dem Abseits kicken. Muslimische Mädchen spielen begeistert Fußball. Wie schulische Arbeitsgemeinschaften den Integrationsprozess fördern können. *sportpädagogik, 33* (5), S. 12-16.

Wagner, G., Göbel, J., Krause, P., Pischner, R. & Sieber I. (2008). Das Soziooekonomische Panel (SOEP): Multidisziplinäres Haushaltspanel und Kohortenstudie für Deutschland – Eine Einführung (für neue Datennutzer) mit einem Ausblick (für erfahrene Anwender) [Elektronische Version]. *AStA Wirtschafts- und Sozialstatistisches Archiv, 2,* S. 301-328.

Wenning, N. (1996). Migration in Deutschland. Ein Überblick. In G. Hansen, R. Pfundtner, & N. Wenning (Hrsg.), *Lernen für Europa.* Münster, New York: Waxmann Verlag.

Internetquellen

Bundesministerium für Bildung und Forschung (2010). *Bildung in Deutschland 2010. Ein indikatorengestützter Bericht mit einer Analyse zu Perspektiven des Bildungswesens im demografischen Wandel.* Zugriff am 11. Februar 2012 unter http://www.bildungsbericht.de/daten2010/wichtige_ergebnisse_presse2010.pdf

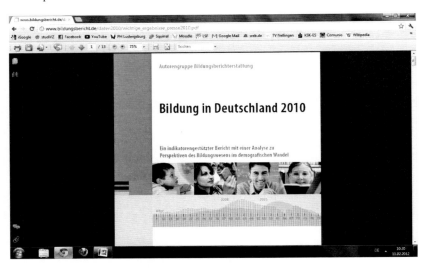

Bundesamt für Migration und Flüchtlinge (2008). *Wohnen und innerstädtische Segregation von Migranten in Deutschland.* Zugriff am 11. Februar 2012 unter http://www.bamf.de/SharedDocs/Anlagen/DE/Publikationen/WorkingPapers/wp21-wohnen-innerstaedtische-segregation.pdf?__blob=publicationFile

Bundesamt für Migration und Flüchtlinge (2011). *Das Bundesamt in Zahlen 2010. Asyl, Migration, ausländische Bevölkerung und Integration.* Zugriff am 15. Februar 2012 unter
http://www.bamf.de/SharedDocs/Anlagen/DE/Publikationen/Broschueren/bundesamt-in-zahlen-2010.pdf;jsessionid=B44DD5C3B21F48737401168066631D12.1_cid241?__blob=publicationFile

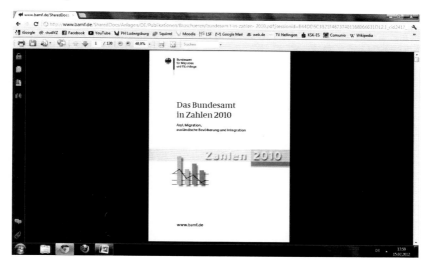

Bundesministerium für Familie, Senioren, Frauen und Jugend (2010). *Familien mit Migrationshintergrund. Lebenssituationen, Erwerbsbeteiligung, und Vereinbarkeit von Familie und Beruf.* Zugriff am 11. Februar 2012 unter http://www.bmfsfj.de/RedaktionBMFSFJ/Broschuerenstelle/Pdf-Anlagen/Familien-mit- Migrationshinter-grund,property=pdf,bereich=bmfsfj,sprache=de,rwb=true.pdf

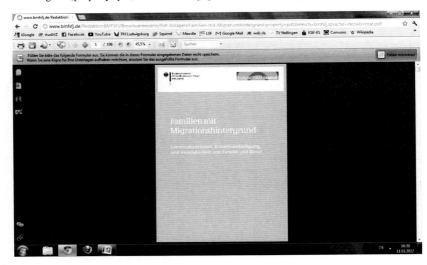

Bundesregierung (2007). *Der Nationale Integrationsplan. Neue Wege – Neue Chancen.* Zugriff am 5. März 2012 unter-
http://www.bundesregierung.de/Content/DE/Archiv16/Artikel/2007/07/Anlage/2007-10-18-nationaler- integrations-plan.pdf;jsessionid=310E9559E7A0E1558EB60877DEFF4427.s3t1?__blob=publicationFile&v=2

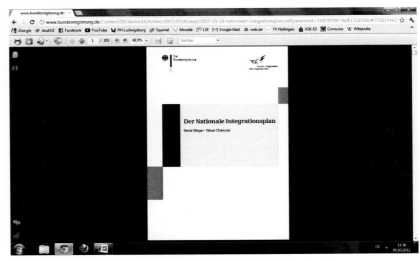

Deutscher Bundestag (2010). *Grundgesetz für die Bundesrepublik Deutschland.* Zugriff am 14. Februar 2012 unter https://www.btg-bestellservice.de/pdf/10060000.pdf

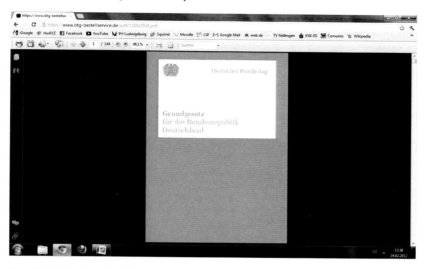

Max-Planck-Institut für Bildungsforschung (2002). *PISA 2000: Die Studie im Überblick. Grundlagen, Methoden und Ergebnisse.* Zugriff am 11. Februar 2012 unter http://www.mpib-berlin.mpg.de/Pisa/PISA_im_Ueberblick.pdf

Ministerium für Kultus, Jugend und Sport Baden-Württemberg (2004). *Bildungsplan 2004. Realschule.* Zugriff am 12. März 2012 unter http://www.bildung-staerkt- menschen.de/service/downloads/Bildungsplaene/Realschule/Realschule_ Bildungsplan_Gesamt.pdf

Statistisches Bundesamt (2011). *Bevölkerung und Erwerbstätigkeit. Bevölkerung mit Migrationshintergrund. Ergebnisse des Mikrozensus 2010* (Fachserie 1, Reihe 2.2). Zugriff am 14. Februar 2012 unter https://www.destatis.de/DE/Publikationen/Thematisch/Bevoelkerung/MigrationIntegration/Migrationshintergrund2010220107004.pdf?__blob=publicationFile

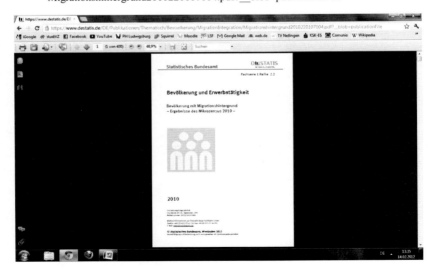

United Nations (UN) (2006). *International Migration 2006*. Zugriff am 5. Februar 2012 unter
http://www.un.org/esa/population/publications/2006Migration_Chart/Migration2006.pdf

United Nations (UN) (2009). *International Migration 2009*. Zugriff am 5. Februar 2012
unter
http://www.un.org/esa/population/publications/2009Migration_Chart/ittmig_wallchart09.pdf

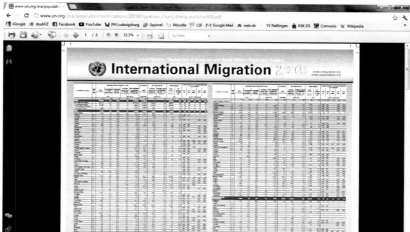

Woellert, F., Kröhnert, S., Sippel, L. & Klingholz, R. (2009). *Ungenutzte Potenziale. Zur Lage der Integration in Deutschland.* Zugriff am 25. Februar 2012 unter http://www.berlin-institut.org/fileadmin/user_upload/Zuwanderung/Integration_RZ_online.pdf

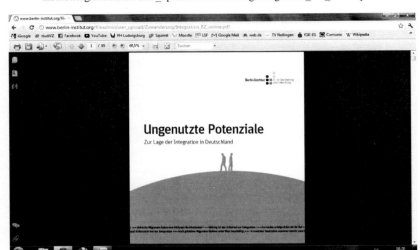

Anhang

Anhang 1: Der Interviewleitfaden[67]

- *Sondierungsfragen*
- Lebenslauf (Herkunft, Gründe für Migration, Familiensituation, Schullaufbahn, Ziele, ...).
- Welche Rolle spielt der Migrationshintergrund in deinem alltäglichen Leben?

- *Akzeptanz der Regeln*
- Wie bist du mit den Regeln in deinem Sportverein einverstanden? Würdest du gerne etwas ändern?

- *Akzeptanz und Anerkennung*
- Wie würdest du deine Stellung/ deinen Status im Sportverein/ in der Schule beschreiben?
- Glaubst du, dass man seine Stellung/ seinen Status verbessern kann (z.B. durch gute Leistungen)? Hast du Erfahrungen damit gemacht?
- Fühlst du dich von den vereinsführenden Personen (Trainer, Betreuer, ...) / Mitspielern in deinem Sportverein akzeptiert bzw. gleichberechtigt?
- Fühlst du dich von den Lehrern/ Mitschülern in der Schule akzeptiert bzw. gleichberechtig?

- *Freundschaftsnetzwerke*
- Wie sieht dein Freundeskreis aus? Woher stammen deine Freunde?
- Hast du durch die Teilnahme am Sportverein Freundschaften mit (deutschen) Jugendlichen geknüpft?
- Falls ja: Wie würdest du die Freundschaft beschreiben (Intensität)?
- Falls nein: Würdest du gerne mehr deutsche Freunde haben?
- Bist du durch den Sportverein/ Schulsport in eine Clique gekommen?

---

[67] Dieser Interviewleitfaden ist alphabetisch nach den Leitfadenkategorien geordnet. Infolgedessen entspricht die Auflistung der Fragen nicht der Reihenfolge, in der die Fragen gestellt wurden.

- Haben sich durch den Schulsport engere Beziehungen zu Klassenkameraden gebildet? Hast du Klassenkameraden besser kennengelernt?
Falls nein: Würdest du dir das wünschen?

- *Integration*

- Was bedeutet für dich der Begriff „Integration"?
- Ab wann ist man deiner Meinung nach integriert?
- Fühlst du dich integriert? Wieso ja/nein?
- Fühlst du dich in Deutschland wohl? Fühlst du dich dazugehörig?
- Willst du vielleicht irgendwann mal zurück in dein Herkunftsland ziehen?
- Stell dir vor: Deutschland spielt bei einer WM im Finale gegen dein Herkunftsland. Für wen bist du? Wieso?
- Welche Tipps würdest du einem Familienmitglied geben, der auch nach Deutschland kommen möchte, damit er sich hier wohl fühlt?

- *Integration durch (Schul-)Sport*

- Hast du das Gefühl, dass du durch die Teilnahme am Sport noch mehr dazu gehörst?
- Hat der Vereinssport (z.B. Erfolg) Einfluss auf andere Lebensbereiche bei dir (z.B. Schule)?
- Hat der Sport dir geholfen, damit du dich hier wohler fühlst? Hat er dir bei der Integration geholfen bzw. hilft er dir dabei? Realität oder Mythos?

- *Interkulturelles Lernen*

- Wird im Schulsport auf die „Andersartigkeit" deiner Kultur Rücksicht genommen bzw. wurden Kulturen als Thema angesprochen (Bsp. Spiele aus deinem Herkunftsland)?
Falls ja: Wie stehst du dazu?
Falls nein: Würdest du dir das wünschen?

- *Menschen mit Migrationshintergrund im Sportverein*

- Woher stammen deine Trainer/ Betreuer im Sportverein?
- Wünscht du dir mehr Menschen mit Migrationshintergrund in der Vereinsorganisation? Wieso?

- Könntest du dir vorstellen selber ein Teil der Vereinsorganisation sein (z.B. Trainer)?
- Sind die Fußballer Cacau oder Özil hinsichtlich einer Integration durch Sport Vorbilder für dich?

- *Werte und Normen*
- Hast du dir durch die Teilnahme am Sportverein Normen und Werte angeeignet, die „typisch" Deutsch sind?
- Hast du dir durch die Teilnahme am Schulsport Werte und Normen angeeignet, die „typisch" Deutsch sind (z.B. Pünktlichkeit)?

- *Sprache*
- Welche Sprache sprichst du daheim/ im Freundeskreis/ im Sportverein?
- Würdest du gerne mehr deutsch sprechen?
- Wie drückst du dich aus, wenn du mit Deutschen zusammen bist und wie sprichst du, wenn du mit Menschen mit Migrationshintergrund zusammen bist? Gibt es Unterschiede?